학습
격차를 줄이는
수업 레시피

학습 격차를 줄이는 수업 레시피

저학년부터 고학년까지,
차이를 넘어 함께 성장하기

박명선, 정유진 지음

코로나19로 심화된 학습 격차, 우리 반 아이들은 어떨까?
현직 교사가 알려주는 개별 진단 방법부터 솔루션까지!
학습 격차를 줄이는 수업의 모든 것

i-Scream

25명의 아이들 그리고 초등 교사의 고민

코로나19 이후 교육 분야에서 가장 많이 논의된 문제가 바로 교육 격차와 학습 격차가 아닐까 싶습니다. 교사에게 학습 격차를 줄이는 문제는 누가 강조하지 않아도 큰 고민입니다. 등교 일수가 줄어들고, 원격수업이 장기화되면서 이전보다 교과 내용을 이해하기 어려워하는 아이들이 더 많이 보입니다. 원격수업에서도 교실 수업과 다르지 않게 하려고 수업 계획을 세우지만 분명히 한계가 있습니다.

학습에 영향을 미치는 것은 학생의 어휘력, 문해력, 학습동기, 자기주도 학습 능력, 학생 개개인 특성뿐 아니라 교수학습 방법, 피드백, 지역 특성 등 다양합니다. 그만큼 벌어진 학습 격차를 해소하기 위해 고려할 점이 많다는 의미이기도 합니다. 게다가 요즘은 인공지능(AI)을 활용한 개별 맞춤형 교육이 강조되고 있습니다. 인공지능을 기반으로 한 인공지능(AI) 튜터, 다양한 학습 기자재 등으로 학습 격차를 지원한다는 것입니다. 그렇지만 수업 기술이 화려해지고, 에듀테크가 발달한다고 학습 격차 문제가 바로 해소되는 것은 아닐 것입니다.

새로운 것에 빨리 적응하는 것도 필요하지만 아이들이 학교에 매일 나오지 못하게 되면서 교실 속 일상 수업이 얼마나 중요한 역할을 했는지 다시금 생각하게 됩니다. 교사가 학생들의 학습 상태를 확인하고, 지지·격려하는 것. 아이들이 함께 대화하고 서로 가르쳐주는 것이 학습에 있어 얼마나 중요한 부분인지 그 소중함을 깨닫고 있습니다.

이 책은 아이들에게 의미 있는 배움을 주고자 수업 속에서 무던히 애쓰고 있는 선생님들에게 조금이나마 도움이 되기를 바라는 마음으로 집필한 책입니다. 배움의 속도가 조금씩 다른 아이들이 함께 성장할 수 있도록 그동안 고민했던 나만의 방법이나 노하우, 노력을 다시 발견하고 하나씩 실천해 보길 바라는 마음입니다.

그러기 위해서는 먼저 다른 사람의 시선이나 평가에 흔들리지 않고, 나를 돌보는 것이 필요합니다. 그동안 외롭게 앞만 보고 달리고 있었다면, 잠깐 멈춰 서서 나의 내면을 돌아보며 나를 알고 이해하고 받아주는 과정도 매우 중요합니다.

한 걸음씩 나아가는 마음으로 지금 이 순간에도 매일 고민하고 노력하는 선생님들께 이 책이 한 장 한 장 읽히길 바랍니다.

**

CHAPTER 1

코로나19 이후
**학습 격차가
심화되고 있다**

01 학습 격차,
무엇을 어떻게 해야 할까?

우리 모두의 고민, 학습 격차

코로나19로 대한민국의 교육 환경은 전례 없는 변화를 경험하고 있습니다. 팬데믹 초기부터 한 번도 가보지 않은 낯선 길을 개척하기 위해 학교와 교사 모두 고군분투하였습니다. 네 차례에 걸친 개학 연기에 이어 사상 초유의 온라인 개학, 원격수업, 대면·비대면 병행 수업까지. 다양한 수업 형태의 변화를 교사와 학생 모두 단기간에 경험하였습니다.

원격수업 초반에는 새로운 기기, 그리고 새로운 수업과 방법에 적응도 해야 했지만 어떤 형태의 원격수업을 할지, 플랫폼, 콘텐츠는 어떤 것을 써야할지, 평가는 어떤 방법이 좋을지 고민하고 논의하는 과정도 쉽지 않았습니다. 무엇보다 어려웠던 것은 이 방향이 맞는지에 대한 고민이었습니다.

학습 공백을 막기 위해 원격수업을 시작하였지만 시간이 지날수록 교사들의 고민도 점점 커졌습니다. 실제 원격수업을 하는 것도 쉽지 않지만 결국 아이들이 잘 참여하고 있는지가 가장 걱정됩니다. 교사의 관심은 학생들이 잘 배우고 있는지인데 그것을 확인하기도 쉽지 않습니다.

학습 격차의 문제점

원격수업 초기부터 지금까지 계속 들리는 이야기 중 하나가 바로 교육 격차, 학력 격차, 학습 격차가 심화되었다는 것입니다. 뉴스나 신문, 정책간담회, 각종 설문조사, 연구를 보면 가정에서 원격수업을 도와줄 수 있는지, 사교육 지원을 하는지 등 교육 환경 차이에 따라 격차가 심해졌다는 문제가 계속 제기되었습니다.

그동안 교육부와 각 시도교육청에서도 여러 정책과 지원 방안을 마련하였습니다. 각 학교마다 학습 격차 해소를 위한 기초학력 협력수업과 학습·심리·정서 돌봄 등 일상적 교육회복을 위한 프로그램을 운영하고 학습종합클리닉센터, 학습도움센터 등 기초학력 지원센터의 역할도 강화되었습니다.

이렇게 프로그램에 참여하는 것도 필요하지만, 아이들과 많은 시간을 함께하는 '수업 시간'에는 과연 어떤 노력을 할 수 있을지가 고민이 됩니다. 학습 격차에 대한 논의에 앞서 교육격차, 학력 격차, 학습 격차에 대한 용어를 구분해 보겠습니다.

교육격차란 무엇일까요? 교육격차에 대한 여러 연구들을 살펴보면 개인의 타고난 지능, 성취동기 같은 개인적인 영역보다 지역, 사회계층, 사교육비 지출, 학부모의 지원 같은 사회구조적 문제에 따라 발생하는 것으로 봅니다. 교육 기회와 여건, 과정, 결과의 격차를 모두 포괄하는 개념이라 할 수 있습니다.

학력 격차는 교육 결과, 즉 학업 성취 격차에 주목한 개념이라고 할 수 있습니다.

마지막으로 학습 격차는 교육의 결과 뿐 아니라 학생들의 학습 과정에도 초점을 둔 것으로 학습의 과정과 결과에 대한 격차라 이해할 수 있습니다. 아이들이 학습하는 과정의 어려움이 커지고, 학습에 결손이 많아지면서 학습 능력과 학력이 저하되고 학습 격차가 커지게 되는 것입니다.

사실 학습 격차, 기초학력 저하에 대한 논의는 코로나19 이전에도 있었습니다. 사교육비 증가와 지역·계층 간 격차 문제, 기초학력 미달학생 비율 증가에 대한 문제는 늘 있었는데 코로나19로 더 심화되었다고 할 수 있습니다. 문제는 학습결손이 누적되면 그 차이는 학년이 올라갈수록 더 심해집니다. 그래서 학습 격차를 줄이려는 노력은 결국 코로나19 이후에도 지속적으로 진행돼야 합니다.

학습 격차의 인식과 실태

그렇다면 학습 격차를 언제 느꼈는지 생각해 봅시다. 저의 경우 같은 학년의 학생을 비교해봤을 때 교사의 설명을 이해하지 못하는 아이들이 상대적으로 더 많아졌음을 느낍니다. 그래서 조금 더 쉽게 설명하고, 수업을 하려고 노력하기도 했습니다.

그런데 문제는 원격수업을 할 때 이해했다고 생각했었는데 학교에 와서 물어보면 모르는 표정을 하는 학생들이 보이는 것입니다. 분명히 원격수업에서 함께 풀었는데 교과서를 보면 답을 안 쓴 학생들도 많습니다. 확인하고 고쳐줄 시간은 부족한데 오히려 봐줘야 할 부분은 더 많아졌습니다.

주변 선생님 이야기를 들어봐도 다르지 않습니다. 2학년 선생님들은 한글 해득이 안 돼서 개별 지도해야하는 아이들이 많아졌다고 합니다. 아이들을 배려해서 쉽게 가르치니, 이미 잘하는 아이는 빨리 끝내버리고 쉽다고 말하는 문제도 있습니다.

또 저학년 학생들은 기본 생활습관과 학습습관을 익히는 중요한 시기인데, 각 학년 선생님마다 예년과는 다르다, 도움을 줘야하는 아이들이 더 많아졌다고 호소합니다. 물론 학교 상황에 따라 다르겠지만 어려움이 커진 것은 분명합니다. 원격수업 관련 설문조사 결과를 살펴보며 학습 격차에 대한 교사, 학부모, 학생의 인식을 더 명확히 알 수 있습니다.

교육부와 한국교육학술정보원에서 2020년 7월 말 교사 5만 여명을 대상으로 실시한 '2020년 1학기 원격수업 운영결과'에서 초등 교사만 보면 86.1%가 원격수업으로 학생 간 학습 격차가 커졌다고 응답했습니다. 2020년 10월 말 전국 초·중·고 학생, 학부모, 교사 75만 여명을 대상 실시된 '2학기 원격수업 관련 설문조사'에서도 초등교사의 69.4%, 초등학교 학부모의 61%가 원격수업으로 학생 간 학습 격차가 커졌다고 인식하고 있습니다.

각 시도교육청이나 여러 교육 단체에서 실시한 설문조사 결과를 봐도 교사, 학부모, 학생 모두 학습 격차에 대한 염려, 불안이 높다고 볼 수 있습니다. 물론 이러한 학습 격차에 대한 인식은 교사 개인의 경력, 연수 경험, 학교, 학년, 학급 등에 따라 다르겠지만 중요한 사실은 교사들의 가장 큰 고민 중 하나가 학습 격차이고 어려움을 느낀다는 것입니다.

2020년 11월에 시행된 중3, 고2 국가수준 학업성취도 평가 결과,

교과별 성취 수준은 지난해보다 보통학력 이상의 학생 비율이 감소하고, 기초학력 미달 학생의 비율이 증가한 것으로 나타났습니다. 물론 이것은 초등학생에 대한 결과는 아니지만 그럼에도 주목해야할 것은 학습 격차 문제가 우려를 넘어 실제로 발생하고 있다는 사실입니다. 그래서 학생의 이해도와 학습 과정 등 실제적인 학습 격차에 대한 객관적 데이터를 통해 '진짜 실태'는 어느 정도인지, 어느 지점에서 학습 결손이 되고, 얼마나 격차가 발생하는지 파악할 필요가 있습니다.

학습 격차의 원인

그럼 학습 격차가 발생하는 원인은 어디에 있을까요? 원인을 살펴보면 학습에서 무엇이 중요한지, 어떻게 결손을 줄일 수 있는지, 이후에는 아이들을 어떻게 챙겨줄 수 있을지에 대해 조금 더 쉽게 알 수 있을 것입니다.

코로나19 전·후 학교 수업 방식의 변화

먼저 코로나19 이전 학교에서는 어떻게 학습이 이루어졌고, 현재 무엇이 달라졌는지를 살펴보겠습니다. 학교에는 다양한 학생이 있습니다. 수업에 집중하고 잘 참여하는 학생도 있지만 집중하기 어려워하는 학생부터 열심히 하는데 실수가 잦은 학생, 어떻게 해결해야하는지 이해하지 못해서 여러 번 물어보며 해결하는 학생까지 참 다양합니다. 그럴 때 교사는 다시 설명해 주기도 하고, 다가가서 일대일 지도를 하기도 합니다. 아이들이 활동하는 과정을 바로바로 볼 수 있기 때문에 무엇을 어려워하는지 파악이 가능합니다. 또 잘 한 부분에 대해서도 바로 바로 격려가 가능합니다.

교사들은 학습 목표에 도달하기 위해 여러 가지 방법을 사용하며 수업을 디자인합니다. 프로젝트 학습도 하고, 모둠별 토론, 놀이, 게임 등 다양한 방법이 가능합니다. 수준별로 다른 활동을 제시할 수도 있습니다.

아이들은 모르는 부분을 친구들에게 물어서 해결하거나 친구들이 활동하는 모습을 보고 따라 하기도 합니다. 발표, 짝 활동, 모둠 활동을 하며 생각을 나누고 다양한 생각을 알게 됩니다. 서로가 서로에게 자극이 되어 더 열심히 하고 배움이 확장됩니다.

그런데 대면수업과 원격수업을 병행하고, 다양한 활동이 제한되면서 피드백과 상호작용이 부족하게 되었습니다. 특히 원격수업에서는 학생들의 적극적인 참여 의지, 즉 자기 주도 학습 능력이 필요합니다. 원격수업을 하면서 자기 주도 학습 능력이 길러졌다고 하는 아이들도 있지만 그렇지 않은 경우가 더 많습니다.

원격수업을 병행하면서 그동안 학교가 어떤 역할을 했는지 학교의 존재 의미가 더 크게 드러나고 있습니다. 교사의 피드백이 얼마나 중요한지, 교사와 학생, 학생과 학생 간의 상호작용이 학습과 얼마나 관계가 있는지 알게 되었습니다. 아이들의 학습 경험과 개인 차이를 완충해주던 학교의 역할이 줄어들면서 학생 개인의 능력과 환경이 학업 결과에 미치는 영향은 더욱 커졌습니다.

원격수업의 어려움

원격수업을 대면 수업처럼 하고자 노력하고 있지만 여전히 쉽지는 않습니다. 앞에서도 언급한 교육부와 한국교육학술정보원에서 실시한 1, 2학기 설문 모두 교사들의 애로사항을 보면 '학생의 학습동기 부여 및 참여 유도'가 가장 높았고(1차 24.2%, 2차 27.5%), 그 다음으로 '수업 준비 부담'(1차 20.8%, 2차 19.6%), 세 번째로 '학생과의 소통 및 피드백 제공'(1차 15%, 2차 10.6%)입니다.

초등학생은 '온라인 수업 집중 저하'(27.4%)와 '선생님 혹은 친구들과의 소통 부족'(16.4%)을 어려움으로 꼽았고, 학부모 역시 '온라인 수업에 대한 집중도 유지'(20.1%), '사회성 및 관계 형성 기회 부족'(19.9%), '자녀 학습 습관 형성'(19.2%)을 어려움으로 지적했습니다.

〈표1〉 교사 기준 원격수업 시 어려운 점

	1학기	2학기
학생의 학습동기 부여 및 참여 유도	24.2%	27.5%
수업 준비 부담	20.8%	19.6%
원격수업 인프라 부족	6.5%	9.0%
온라인 플랫폼 접속 불안정 및 기능 부족	5.6%	5.7%
익숙하지 않은 기기 활용 부담	5.4%	6.1%
학생과의 소통 및 피드백 제공	15.0%	10.6%
학생 출결, 평가 등 학사 관리 어려움	14.2%	14.9%
콘텐츠 저작권 침해 우려	7.7%	5.2%
기타	0.6%	1.5%

〈표2〉 학생의 원격수업 참여 시 어려운 점

	초	중	고	전체
과제 수행의 어려움	9.3%	13.0%	11.7%	11.5%
온라인 수업 시 집중 저하	27.4%	26.8%	23.4%	26.0%
수업 내용에 대한 이해의 어려움	8.4%	8.1%	6.8%	7.8%
접속이 끊기는 등의 시스템 불안정	12.1%	14.1%	16.7%	14.3%
선생님 혹은 친구들과의 소통 부족	16.4%	10.3%	11.3%	12.5%
디지털 기기를 활용한 학습에 대한 피곤함 증가	11.2%	13.3%	11.4%	12.1%
스스로 자신의 학습을 관리하기 어려움	12.4%	11.6%	14.5%	12.7%
기타	2.8%	2.7%	4.1%	3.1%

※ 원격수업의 질 제고를 위한 교육과정 운영 방향 탐색 연구, 김혜숙, 2020

	초	중	고	전체
자녀 학습습관 형성	19.2%	20.3%	22.1%	20.6%
교사와의 원활한 소통	8.2%	7.7%	9.3%	8.4%
학업 수준·평가에 대한 불안	14.7%	16.2%	16.1%	15.7%
사회성 및 관계 형성 기회 부족	19.9%	14.1%	11.4%	15.1%
온라인 수업에 대한 집중도 유지	20.1%	21.1%	22.1%	21.1%
온라인 플랫폼 접속 오류 및 지연	2.7%	2.9%	3.3%	3.0%
디지털기기, 학습 공간 등 인프라 확보	1.1%	1.2%	1.5%	1.3%
게임이나 온라인 유해 환경 노출에 대한 불안	13.2%	15.9%	13.3%	14.1%
기타	0.9%	0.7%	0.8%	0.8%

학습 격차의 원인

지금까지 살펴보았던 여러 설문 결과를 보면 학습 격차의 원인은 학교, 가정 환경, 교사, 학생 측면에서 각각 생각해 볼 수 있습니다. 그렇지만 여기에서는 인터넷 접속이 끊기는 등의 시스템 불안정이나 디지털 기기, 가정 배경이나 교육 환경, 사교육 경험 같은 교사가 직접 해결 할 수 없는 것은 논외로 하고, 교사가 노력해서 도울 수 있는 부분을 중심으로 원인을 살펴보려고 합니다. 물론 교사의 책임, 학생의 능력 차이만을 원인으로 보려는 것은 아닙니다.

이제 원인을 하나씩 생각해 보겠습니다. 첫 번째는 학생들이 자기 주도 학습을 배울 기회가 없었다는 점입니다. 교육부와 한국교육학술정보원의 '2020년 1학기, 2학기 원격수업 관련 설문조사' 결과를 보면 교사들은 원격수업 이후 학습 격차의 원인으로 '학생의 자기 주도 학습 능력 차이(1학기 64.92% 2학기 24.2%)'를 가장 많이 꼽았습니다.

사실 학습에서 중요한 점이 자기 주도 학습 능력입니다. 자기 주도 학습의 개념은 연구자마다 관점이 다양하지만 정리해보면 학습자 스스로 주도성을 가지고 능동적으로 학습의 전 과정에 참여하는 것이라고 말할 수 있습니다. 학생 혼자서 독립적으로 하는 학습이 아니라 학습목표 달성을 위해 필요한 학습 자원과 도움을 활용하면서 하는 것입니다. 초등학교 시기에 배워나가야 하는 이 중요한 역량을 배울 기회가 줄어들게 되었는데 학생의 역할, 책임은 더 늘어나게 된 것입니다.

원격수업의 경우, PC를 켜놓고 아이들이 딴 짓을 해도 선생님은 알기 어렵습니다. 그래서 콘텐츠를 열심히 봐야 해결할 수 있는 퀴즈나 과제를 같이 주어도 대충하는 학생들이 있습니다. 스스로 학습해야하는 시간이 늘어나게 되니 혼자하기 어려운 아이들은 어려움이 더 커지는 것입니다.

코로나19 이전에는 선생님의 기대, 혹은 친구들이 강화제가 되어서 자기 주도 능력이 부족해도 도움을 받으며 해결하고 배울 수 있었습니다. 하지만 원격수업은 스스로 해야 하는 일이 많고, 적극적인 참여 의지가 필요하기 때문에 성인도 힘들어 합니다. 대면·비대면 병행으로 학교에 오더라도 따로 지도할 시간을 마련하는 것이 쉽지 않습니다.

두 번째로는 학습에 집중하기 어렵다는 것입니다. 아이들은 학습이 이루어질 때 집중해서 해결해 나가야 하는데, 유혹거리가 많아질수록 집중하고 싶어도 어렵습니다. 그런데 원격수업 상황에서는 더 유혹거리가 많습니다. 대면수업 때는 적극적으로 발표하고 활동하는 학생이 원격수업에서는 소극적이 되거나 딴 짓을 하기도 합니다. 쌍방향 수업의 경우 옆에 핸드폰이나 장난감을 두고 화면 밖에서 놀아도 파악하기가 쉽지 않습니다.

물론 학생들이 집중하지 못해서만은 아닙니다. 원격수업의 경우 접속이 끊기거나 시스템이 불안정하기도 합니다. 선생님 목소리가 들리지 않거나 화면이 잘 안보이면 집중이 쉽지 않습니다. 학습공간도 중요합니다. 자기만의 공부방이 있는 경우도 있지만 그렇지 않은 경우도 있습니다. 자녀가 딴 짓을 할까봐 거실에서 하게 하는 경우도 있는데 그러면 거실이라는 공간 자체가 새로운 유혹거리가 되기도 합니다.

세 번째로 학습동기, 참여 의지가 약화되었다는 점입니다. 동기는 어떤 행동을 지속하게 하는 힘입니다. 그래서 왜 배워야 하는지에 대한 동기는 정말 중요합니다. 학습동기는 학생 개인의 능력으로만 볼 수는 없습니다. 학습 자체에 대한 호기심이 학습동기를 일으키는 요소도 되지만, 호기심을 불러일으키는 수업도 중요합니다. 선생님, 친구들도 많은 영향을 미치는데 원격수업은 상호작용도 적고, 교실 상황이 아니다 보니 학습동기를 가지기 힘듭니다. 학습동기가 약화되어서 학습이 어렵고 결손이 생기고 학습 격차가 생기는 것입니다.

반대로 학습이 어렵고, 성공의 경험이 많지 않으니 할 수 있다는 자기효능감이 떨어져서 학습동기가 일어나지 않게 되기도 합니다. 자기효능감이 떨어지니 학습에 참여할 의지도 줄어들게 되는 것입니다.

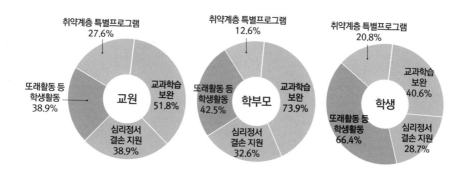

2021년 2학기 등교확대 후 집중지원 희망 분야 답변

취약계층 특별프로그램
27.6%

또래활동 등
학생활동
38.9%

교원

교과학습
보완
51.8%

심리정서
결손 지원
38.9%

취약계층 특별프로그램
12.6%

또래활동 등
학생활동
42.5%

학부모

교과학습
보완
73.9%

심리정서
결손 지원
32.6%

취약계층 특별프로그램
20.8%

학생

교과학습
보완
40.6%

또래활동 등
학생활동
66.4%

심리정서
결손 지원
28.7%

※ 21년 2학기 등교확대 관련 설문조사 결과 발표 / 복수응답 ('21.6.18, 교육부)

마지막으로 교사와 학생, 학생과 학생 간의 소통이 충분하지 않았다는 점을 생각해 볼 수 있습니다. 학습 자체가 소통, 상호작용하고 피드백을 주고받으며 이루어지는 것인데 이것을 충분히 할 수 없었습니다. 2021학년도 2학기 등교확대 관련 설문조사('21.6.18, 교육부 보도자료) 중 등교 확대 후 집중지원 희망 분야의 답변을 보면 교원의 51.8%, 학부모의 73.9%가 교과 학습 보완을 꼽은 반면에, 학생은 66.4%가 또래 활동 등 학생활동으로 꼽았습니다. 학생들에게 또래 활동이 얼마나 의미 있는지, 얼마나 바라고 있는지 알 수 있습니다.

쌍방향 수업에서는 소통을 위해서 소그룹으로 나누어 토론이나 놀이 형태로 수업을 하기도 합니다. 그렇지만 교사가 일대일로 학생이 어려워하는 부분을 파악하고 도와주거나 함께 학습 계획을 세우는 피드백 과정에는 분명 한계가 있습니다.

등교 수업 역시 코로나19 이전의 모습과는 같지 않습니다. 마스크를 쓰고 활동에도 제약이 있다 보니 대면 지도 시간도 부족하고, 학생 개별 피드백 역시 쉽지 않습니다.

학습 격차를 발생하게 하는 원인에는 가정, 사회, 개인, 제도, 교육과정, 시스템 등 많은 요인이 작용하고 복합적으로 얽혀있습니다. 우리는 네 가지를 살펴보았지만 이 네 가지 역시 독립적으로 영향을 미치는 것이 아니라 서로 연관이 되어 있습니다.

학습 격차 문제는 앞으로 교육이 해결해야 할 과제도 제시하고 있습니다. 학습 격차의 경우, 정확한 진단을 해야 구체적으로 지원할 수 있기 때문에 학생들이 어떤 어려움을 겪고, 학습 격차가 어디에서 나는지 진단하는 것이 중요합니다. 앞으로는 학습 격차의 원인들을 해결하기 위해 교사가 할 수 있는 노력에 대해 함께 나누도록 하겠습니다.

우리 반 아이들, 학습 격차는 어느 정도일까?

02

학습 격차 진단하기

수업을 진행하다 보면 분명 '아이들이 예전과 다르다, 진도를 쫓아가는 것에 어려움을 느끼고 학습에 결손이 있는 아이들이 많다'라는 것을 느낄 수 있습니다. 아이들이 한글을 잘 읽지 못하고, 선생님의 설명을 잘 이해하지 못하는 것 같은데 교사들도 학습 격차를 정확하게 진단하는 방법은 잘 알지 못합니다. 앞서 학습 격차의 실태를 이야기하며 제시된 자료 '2020학년도 국가 수준 학업 성취도 평가' 또한 중3과 고2를 대상으로 하는 평가입니다. 그래서 초등생들의 학습 격차를 객관적인 데이터로 나타내기에는 어려움이 있습니다.

학습 격차가 더 커졌다는 것은 학교 수업으로 유지되던 중위권 학생들이 학업의 어려움을 느끼고 학습지원 대상 학생이 되는 경우가 많다는 것을 의미하기도 합니다. 따라서 아이들의 기초학력을 진단할 수 있다면 우리 반의 학습 격차를 확인하고 도움을 줄 수 있습니다.

학습 격차의 발생 중 교사들이 더욱 관심을 기울이는 부분은 상위권 학생이 아니라 중위권 학생들의 몰락이라고 할 수 있습니다. 학교 수업 환경의 변화로 그 공백을 스스로 메우지 못한 학생들의 결손을 찾아내고 그 공백을 메워야 학습의 격차를 줄일 수 있습니다.

학습의 결손은 긴 시간 누적되기 이전에 바로잡아야 효과가 있습니다. 그래서 코로나19로 인한 학습 결손이 발생하였다면 누적되기 전에 어려움을 겪고 있는 아이들을 진단하고 그 원인에 따른 지도를 하는 것이 중요합니다. 기초학력을 진단하는 방법은 저학년과 고학년에서 조금 차이가 있습니다.

저학년 학습 격차 진단하기 ▮ 한글 또박또박

3학년에서 6학년 학생들의 경우, 매 학년이 시작하는 3월에 기초학력 집중 진단 활동을 시행하고 이 활동을 통해 새 학년에서 배울 준비가 되었는지를 판단합니다.

그러나 저학년의 경우는 이런 진단 활동을 따로 시행하지 않습니다. 1~2학년에서의 기초학력을 진단할 때는 한글을 읽고 쓸 수 있느냐, 즉 한글 해득 부분을 확인하는 것에 초점이 맞추어져 있습니다.

저학년 학생들의 경우, 한글 해득 정도를 판별하기 위해서 한국교육과정평가원에서 운영하는 '한글 또박또박' 프로그램을 활용할 수 있습니다. 홈페이지에 가면 우리 반 학생을 등록하고 읽기, 유창성, 쓰기 검사를 시행할 수 있습니다. 실시 이후 개별검사 결과표가 나오는데 각 세부 항목별로 '도달, 보충, 미도달'의 3단계로 표시됩니다.

이 검사는 보통 1학년 1학기에 한글 51시간 수업이 끝난 후 1학기 말 또는 2학기 초에 실시해서 학생의 한글 해득 여부를 진단합니다.

한글 또박또박 홈페이지

읽기, 유창성, 쓰기 검사

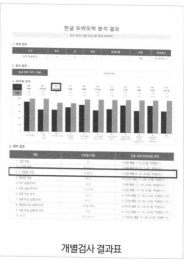

한글 또박또박 분석 결과

개별검사 결과표

위에 나온 개별검사 결과표를 살펴보면 다양한 자음 중 '타, 짜, 따' 부분에 오반응이 생겼고 보충 교재 연계로 '찬찬 한글 2단원 배움 8-12 부분'을 통해 연계지도할 수 있다고 나와 있습니다. 즉, 한글 또박또박 으로 학생의 한글 해득 정도를 확인하고 미해득 된 영역에 대해서는 '찬 찬 한글'과 연계하여 활용할 수 있습니다. 그리고 보충, 미도달이 나온 부분은 이후 다시 평가하여 성장하였는지 확인할 수 있습니다. 1~2학 년에서는 한글을 정확하게 해득하였는지를 확인하고 부족한 부분을 도 와주는 것이 학습 격차를 줄이는 방법의 하나입니다.

고학년 학습 격차 진단하기 ▮ 기초학력 진단 보정

3학년에서 6학년의 경우는 학년 초 '기초학력 진단-보정 시스템'을 통 해 진단 활동을 시행할 수 있습니다. 3학년의 경우는 읽고, 쓰고, 셈하는 활동을 확인하고 4학년 이상은 국어, 영어, 수학과 같은 교과 학습에 대한 진단검사를 합니다.

구분	3R's	교과 학습 진단검사
대상	탄탄: 초3 이상 활용 가능 쑥쑥: 초4 이상 활용 가능	초4-6
과목	읽기, 쓰기, 셈하기	국어, 수학, 영어 (사회, 과학은 자율 결정)

3학년의 경우 2학년까지 배운 내용을 토대로 진단 활동을 시행하기 때문에 교과가 아니라 읽기, 쓰기, 셈하기에 대한 진단을 시행합니다. 3월 중 아이들에게 평가지를 나누어주고 진단 활동을 시행했었는데 코로나19 상황으로 등교가 어려운 경우 기초학력 진단-보정 시스템 사이트에서 온라인으로 진단 활동을 시행하는 것도 가능합니다.

이렇게 진단 활동 이후 '늘품이' 보정 자료를 통해 부족한 부분의 학습을 도울 수 있습니다. 1~2학년 아이들을 한글 또박또박으로 진단하고 찬찬 한글로 연계지도 했던 것처럼, 3~6학년의 경우 기초학력 진단-보정 시스템을 통해 진단하고 '늘품이' 자료로 연계지도하는 것이 가능합니다.

	진단	보정
1~2학년	한글 또박또박	찬찬한글
3~6학년	기초학력 진단-보정 시스템	늘품이

　　아래 표는 늘품이 자료 중 '초등'에 관련된 자료 목록입니다. 학년과 관계없이 읽기, 연산 공부를 할 수 있는 자료부터 파닉스, 기초 글쓰기 자료까지 다양한 자료들이 있습니다.

　　각 시도 교육청 기초학력 진단-보정 시스템 홈페이지마다 조금 차이가 있을 수 있으나 보통은 학습 자료실 또는 보정학습 탭에서 늘품이 자료를 내려 받아 활용하실 수 있습니다.

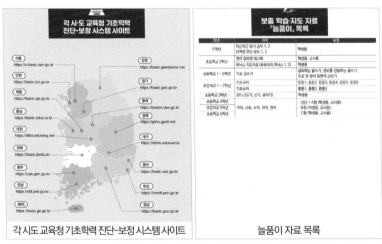

각시도 교육청 기초학력 진단-보정 시스템 사이트　　　　늘품이 자료 목록

출처: 2021 기초학력 진단-보정 시스템 리플렛 일부

학습의 어려움을 진단하고 확인하는 것은 학년 중 꾸준히 진행할 필요가 있습니다. 학년 초의 진단 활동 결과는 괜찮았는데 수업을 진행하는 도중에 어려움을 느끼는 경우도 있기 때문입니다. 진단 활동은 이전 학년에 대한 기초적인 학력을 확인하는 것이기 때문에 새 학년에서도 새롭게 공부하면서 생긴 결손을 확인하고 도와줄 필요가 있습니다. 이런 경우 활용할 수 있는 홈페이지가 '배이스캠프(http://www.plasedu.org)'입니다. 기초학력 진단-보정 시스템 홈페이지에서 바로 배이스캠프로 이동이 가능합니다.

배이스캠프(배우고 이루는 스스로 캠프)는 우선 초등학교 1학년부터 고등학교 1학년까지 학습할 수 있으며 초등 1~2학년 아이들이 읽기와 연산을 진단하는 것부터 각 학년의 기본 학습 내용을 학습하는 것이 가능합니다. 이곳에 나와 있는 문제는 늘품이의 실력 문항들로 구성된 경우가 많습니다. 기본적이지만 꼭 알아야 할 문제들을 학습할 수 있습니다.

출처: 배이스캠프 홈페이지 및 카드 뉴스

이 사이트가 기초학력 진단-보정 시스템과 가장 다른 점은 3월에 한정되지 않고 선생님께서 일 년 중 언제나 사용할 수 있다는 점, 꼭 학습지원대상학생이 아니더라도 누구에게나 활용할 수 있다는 점입니다. 또한 온라인으로 학습하는 시스템이기 때문에 가정과 연계하여 지도하는 것도 가능합니다.

난독 진단 및 개선하기

저학년 학생들과 한글 수업을 하다 보면 유독 읽기나 철자를 학습하는 과정에서 어려워하는 아이들이 있습니다. 이런 경우 난독인지 아닌지 살펴볼 필요가 있습니다. 난독은 학습 부진이나 결손과는 다릅니다. 읽기 학습 장애의 하나로 볼 수 있으며 이에 맞는 도움이 필요합니다.

2014년 교육부가 한국학습장애학회에 의뢰해 전국 초등학생 8,600여 명을 대상으로 조사한 결과 4.6%의 학생들이 난독증 또는 난독증 위험으로 파악되었습니다. 생각보다 꽤 많은 아이가 난독증인데 학습 부진으로 생각되어 적절한 도움을 받지 못하기도 합니다.

난독증(dyslexia)인 경우, 듣고 말하는 데는 어려움이 없지만 글자와 소리 간의 관계를 잘 몰라 단어를 정확하게 읽거나 쓰기에 어려움을 겪는 것을 말합니다. 단어를 잘못 발음하거나 복잡한 단어를 발음하는 데 어려움이 있으며, 책을 스스로 읽거나 푸는 것을 어려워합니다. 또한 새로운 어휘를 배우고 기억하는데 어려움을 겪기도 합니다. 아래 제시된 것은 '읽기 학습 특성 체크리스트'입니다. 몇 가지 난독증 증상 이외에 더 자세한 증상을 통해 난독증 여부를 파악할 수 있습니다. 체크리스트는 저학년과 고학년용이 있으며 저학년 18문제, 고학년 20문제로 구성되어 있습니다.

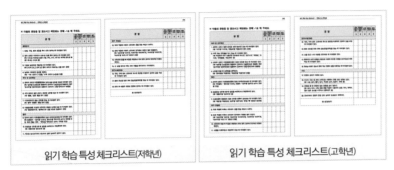

| 읽기 학습 특성 체크리스트(저학년) | 읽기 학습 특성 체크리스트(고학년) |

서울특별시강남서초교육지원청 학교통합지원센터에서 온 공문에서 발췌한 내용입니다.
서울학습도움센터 – 학습상담자료 – 기타에서 '난독 선별검사' 검색 후 파일 다운로드 가능합니다.
https://s-iam.sen.go.kr/

체크리스트를 통해 '난독증 의심' 결과가 나오면 부모님과 함께 상의하여 전문기관의 심층 진단 및 평가를 받을 필요가 있음을 알려야 합니다. 그중 하나의 방법은 교육청의 지원을 받는 것입니다. 서울의 경우 서울기초학력지원센터에서 난독지원팀을 운영하고 있고 대구, 제주, 울산, 인천, 전북 등 많은 지역의 교육청에서 난독을 지원하고 있습니다. 학생을 진단하고 도움이 필요한 학생들은 전문 치유기관에 연계하기도 하며 전문 치유기관 연계까지는 아니더라도 읽기에 상당한 어려움이 있는 경우 학습 상담을 진행하고 있습니다. 각 시도 교육청의 학습 종합 클리닉센터를 한 번 확인해 보시기 바랍니다.

잠재적 학습 격차 진단하기

같은 과목의 어려움을 호소한다고 해도 어떤 아이는 학습 전략을 잘 알지 못해서, 또 어떤 아이는 학습동기가 낮거나 주변의 지지를 받지 못해 문제가 발생할 수 있습니다. 학생들이 학습의 어려움을 겪는 원인을 찾아내어 그 원인에 맞는 지원을 해 준다면 학습의 어려움을 극복하기가 더 쉬울 것입니다.

코로나19로 등교 횟수가 줄어들면서 사회적인 기술 습득이 어려워 학교 적응을 힘들어하고, 정서적·심리적인 어려움을 겪고 있는 학생들도 많습니다. 혹시 이런 어려움이 있다면 지금 당장 학습의 어려움이 나타나지 않더라도 조만간 친구 관계, 학습에서의 어려움이 생길 수 있습니다. 따라서 학생들의 심리정서적인 어려움, 그리고 학습의 어려움을 가지고 오는 원인에 대해 확인할 필요가 있습니다. 기초학력 향상 지원 사이트인 '꾸꾸(http://www.basics.re.kr)' 사이트를 통해 학습이나 학교생활에 어려움을 느끼는 부분에 대한 심리 검사를 할 수 있습니다.

꾸꾸 홈페이지에서 '정서 심리지원 → 학습 준비도 검사' 카테고리를 보면 초등에서 할 수 있는 총 8가지의 검사가 나와 있습니다. 검사는 온라인, 오프라인 모두 가능하고, 온라인으로 진행할 경우는 아래 그림과 같은 절차로 진행됩니다.

학습 준비도 검사 종류

학습준비도 검사 절차

교사가 회원 가입 후 학생 정보를 등록하고 인증번호를 받아 학생들에게 제공하면 학생들은 교사에게 받은 인증번호로 로그인을 하여 검사를 진행합니다. 결과지는 선생님과 학생 모두 조회가 가능합니다. 검사 대부분이 초등학교 4학년에서 6학년을 대상으로 이루어집니다. 학습 준비도 검사로 나온 8가지 중 학습 유형 검사, 정서행동환경검사, 학습 저해 요인 진단검사 이렇게 3가지를 간략하게 살펴보려고 합니다.

1. 학습 유형 검사

학습 유형 검사란 학생의 학습동기, 자기 통제성, 학습 행동을 진단하여 자신의 학습 유형을 총 4가지 중 하나로 알 수 있는 검사입니다. 1유형은 노력형으로 학습동기와 자기통제성이 모두 높은 학생으로 학업 결손이 비교적 최근에 부분적으로 일어났을 가능성이 큽니다. 2유형은 동기형으로 학습동기는 높지만 자기 통제성은 낮은 학생입니다. 3유형은 조절형으로 자기 통제성은 높지만, 학습동기가 낮은 학생입니다. 마지막 4유형 행동형은 학습동기와 자기 통제성이 모두 낮은 학생을 의미합니다. 1유형 같은 경우, 학습동기도 높고 자기 통제성도 높은데다 결손도 최근에 시작되었으니 금방 회복이 될 수 있습니다.

학생의 유형을 진단한 이후, 학생의 학습 유형에 맞춘 연계 지도 자료도 함께 제공하고 있습니다. '학습유형별 처방 패키지'라는 것인데요. 예를 들면 국어과에서 2유형의 학생은 '국어과 동기형 패키지'라는 자료를 활용합니다. 검사마다 결과지 샘플과 검사하는 방법에 대한 설명이 자세하게 나와 있습니다. 샘플과 실시 방법을 보시면 검사에 대해 좀 더 자세하게 확인하실 수 있을 것입니다.

출처: 꾸꾸 홈페이지_학습유형검사 샘플 결과지

2. 정서행동환경검사(EBEQ)

검사의 이름처럼 학생의 정서, 행동, 환경적인 측면을 파악하는 검사인데요. 정서 부분 검사의 하위요인을 살펴보면 학습 의지, 분노, 불안 등을 포함하고 있습니다. 보통 학습의 어려움을 진단하는 검사가 동기나 학습 전략에 관계된 것들이 많은데 정서에 대한 검사를 할 수 있다는 것이 하나의 특징입니다. 이 검사는 총 두 단계로 진행됩니다. 1차 체크리스트 결과가 일정 점수 이하로 나타나는 경우 2차 진단검사를 합니다.

출처: 꾸꾸 홈페이지_정서행동환경검사 샘플 결과지

샘플 결과지의 예시를 살펴보면 숫자가 1-100까지 나타나는데 정도가 낮을수록 낮은 숫자, 정도가 높을수록 높은 숫자로 나타납니다. 지금 이 결과표의 경우 불안이 85로 높은 상태이며 행동 조절이 24, 학습 관리가 30으로 낮은 편입니다. 관계를 살펴보면 교사 지지 80, 교우관계는 60으로 높은 편입니다. 교사 지지나 교우관계는 좋은 편이고 불안과 행동 조절이 어려운 편인 것을 알 수 있습니다. 이후 결과에 따라 교실에서 교사가 어떻게 지도해야 하는지 또 추가적인 전문 검사로 어떻게 연계할 수 있는지에 대한 자료도 함께 제시되어 있습니다.

3. 학습 저해 요인 진단검사

학습 저해 요인 진단검사란 학습의 어려움을 동기, 인지, 행동, 환경적 측면에서 파악하는 검사입니다. 이 검사의 특징은 초등학생을 대상으로 실시했던 '국가 수준 학업 성취도 평가'에서 학습지원대상 학생들을 대상으로 이루어진 검사라는 것입니다. 그래서 검사 학생을 현재 전국의 학습지원대상 학생과 비교하여 상대적인 위치를 파악하는 데 목적이 있습니다. 따라서 이 검사에서 평균 이상의 결과를 보이는 것은 전체 학생의 평균을 의미하는 것이 아니라 전국의 학습지원대상 학생의 평균보다 점수가 높다는 것을 의미합니다. 검사를 통해 우리 반 학생이 평균으로부터 떨어져 있는 정도를 통해 학습의 어려움이 특히 어떤 부분에 집중되어 있는지 살펴볼 수 있습니다.

출처: 꾸꾸 홈페이지_학습 저해 요인 진단검사 결과표 예시

결과표 샘플 중 인지 영역 결과표를 보니 이 학생의 경우 전체적인 인지 영역은 평균이지만 인지 전략을 잘 사용하고 있지 못함을 알 수 있습니다. 자아 존중감, 시험자신감, 학습 의욕은 모두 좋고 학습 관리와 학습 이해 확인 부분이 낮습니다. 그러면 이 학생의 결과표를 보고 교사는 학습할 때 소리 내어 외우기, 요약하기, 정리하기와 같은 인지 전략을 사용할 수 있도록 스스로 공부 계획을 세우고 일을 순서에 따라 진행하는 것에 대한 부분을 지도하실 수 있습니다.

CHAPTER 2

학습 격차를
줄이는
마법의 열쇠

01 관계 형성으로
한 걸음 더 다가가기

마음을 나누며 관계 형성하기

　　학습에 영향을 미치는 요인에는 여러 가지가 있습니다. 자기 주도 학습능력, 학습동기처럼 학생 개인 요인도 중요하지만 교사와 학생, 학생과 학생 간의 '관계성' 역시 중요한 요인입니다. 함께 소통하고 신뢰가 쌓이게 되면 학습동기 역시 높아지고 학습에도 적극적으로 참여하게 됩니다. 그래서 기초 학력의 개념을 읽기·쓰기·셈하기(3R's)에 '관계성(Relationship)'을 더한 4R's로 확대하여 이야기하기도 합니다.

　　새학년이 시작되면 낯선 분위기를 깨고 서로가 평화로운 관계에서 공부하고 생활하도록 여러 가지 '관계 세우기' 활동을 합니다. 이러한 관계 형성은 교실에서 함께 지내면서 자연스럽게 이루어지기도 합니다. 그런데 코로나19로 등교하는 날이 줄어들면서 관계 형성을 할 수 있는 시간이 부족하게 되었을 뿐 아니라 오히려 더 힘들어지게 되었습니다. 물리적으로 만나는 시간이 줄어들다 보니 서로를 알아갈 시간이 부족하고, 서로를 잘 알지 못하니 이해하고 배려하며 생활하기가 더욱 힘들어지게 된 것입니다. 코로나19의 어려움 중 하나도 학생들이 관계 형성을 할 충분한 시간 없이 바로 학습으로 들어갈 수밖에 없다는 점일 것입니다. '관계 형성'이 어려운 시기에 오히려 관계 형성의 중요성이 더 부각되는 것을 보게 됩니다.

마음을 여는 아침

서로의 기분을 아는 것은 참 중요한 일입니다. 아이들 간에 갈등이 일어나는 경우를 보면 다른 사람의 감정 또는 상황·처지를 이해하지 못해서 발생하는 일이 많습니다. 그래서 하루를 시작하는 아침 시간, 내 감정을 표현하고 친구의 마음, 이야기를 묻고 듣는 시간을 마련해 보는 것도 좋습니다. 짧은 시간이라도 이야기를 나눠보면 다른 사람에 대한 관심과 이해의 폭도 넓어집니다.

'색깔출석부', '감정 카드', '공감밴드'를 저학년에 적용한 사례를 나눠보겠습니다. 여러 가지 방법을 사용하다 보면 각 반에 맞는 것을 발견할 수 있을 것입니다. 먼저 활동 전에 꼭 해야 하는 것은 감정에 대해 알아보는 것입니다. 감정을 표현하는 말에는 어려운 단어도 있어서 시작하기 전에 의미를 추측하고, 감정에 따라 표정을 지어보기도 하고, 표정을 보고 맞추는 과정이 필요합니다. 이렇게 감정을 표현하는 낱말의 뜻을 이해하고 활동 하는 과정이 있어야 내 감정을 표현할 수 있습니다.

색깔 출석부는 아이들 이름이 번호 순서대로 기록된 일반적인 출석확인표와 같습니다. 대신 선생님이 출석을 확인하는 것이 아니라 아이들이 오늘의 날짜, 자신의 칸에 현재의 감정을 색깔로 표현합니다. 아침에 등교할 때 선생님 책상 위에 놓여있는 '색깔 출석부'에 색연필로 표시하고 선생님과 대화합니다. 아이들마다 등교 시간도 차이가 있고 두세 문장만 말하기 때문에 아침 시간만으로도 충분합니다.

선생님: ○○색을 골랐구나? 왜 ○○색이니?

학생1: 오늘 금요일이라서 학원 아무 데도 안가거든요. 그래서 너무 신나요.

선생님: ○○색을 고른 이유가 있니?

학생2: 동생이 어제 내 공책을 찢고 낙서를 해서 뭐라고 하니까 울어서 저만 혼났어요. 너무 화가 나요.

1학년 5반 행복 출석부

오늘 아침 나의 기분은? 행복해요 ○   감사해요 ○   슬퍼요 ○   화가 나요

번호	이 름	5/24	5/25	5/26	5/27	5/28	번호	이 름	5/24	5/25	5/26	5/27	5/28
1	김○○	○	○	○	○	○	51	김○○	○	○	○	○	○
2	김○○	○	○			○	53	김○○	○	○	○	○	○
3	김○○	○	○	○	○	○	53	노○○	○	○	○	○	○
4	김○○	○	○	○	○	○	54	백○○	○	○	○	○	○
5	김○○	○	○	○	○	○	55	백○○	○	○	○	○	○
6	김○○	○	○	○	○	○	56	왕○○	○	○	○	○	○
7	문○○	○	○	○	○	○	57	이○○	○	○	○	○	
8	박○○						58	이○○					
9	박○○						59	이○○					
10	이○○						60	장○○					
11	이○○						61	조○○					
12	이○○						62						
13	조○○						63						
14							64						
15							65						

이미지출처: 정유진 선생님

저학년 아이들은 발표도 많이 하고 선생님에게 다가와 대화도 많이 합니다. 반면에 소극적인 아이들은 교사가 다가가지 않으면 목소리 한 번 듣지 못하고 하루가 지나가기도 합니다. 아침마다 출석부를 활용하면 모든 아이를 맞이할 수 있고, 잠깐이라도 이야기하게 됩니다. 아이들이 오늘 기분이 어떤지, 무슨 일이 있었는지 들을 수 있습니다. 무슨 색깔을 골라야 하는지 고민하는 아이들이 많다면 그림처럼 미리 몇 개의 감정과 색깔을 약속한 후 활동을 할 수도 있습니다.

감정카드는 감정을 나타내는 단어와 그림이 있는 카드입니다. 저학년 아이들에게는 아이들이 이해하고 있는 카드 10장 정도만 칠판에 붙여두고 그 아래 자신의 이름을 붙이게 합니다. 칠판에 붙이면 교사만 아이의 감정을 아는 것이 아니라 다른 친구들도 볼 수 있어서 서로의 감정을 이해하는 데 도움이 됩니다. 선생님과 일대일로 이야기하는 것과 달리 전체에게 발표하게 하면 시간도 오래 걸리고, 다른 아이들 역시 집중하기 어렵습니다. 그래서 매일 5명 정도씩 돌아가며, 왜 이런 감정인지 발표하는 것도 좋습니다. 모둠 활동을 익숙하게 한다면 카드 세트를 모둠별로 주고 카드를 골라 자신의 감정을 말하는 활동을 할 수도 있습니다. '색깔 출석부'를 활용한 방법처럼 선생님 책상 위에 두고 내 마음을 나타내는 그림을 고르며 말하도록 할 수도 있습니다.

공감밴드는 팔찌처럼 손목에 차는 것입니다. 공감밴드에는 '지금 너의 기분은 어때?'와 '너에게 필요한 것은 뭐야?'라는 두 가지 질문이 있습니다. '지금 너의 기분은 어때?'라는 질문 안쪽에는 '걱정이 돼' 같은 감정을 나타내는 말이 10여 개 정도 있고, '너에게 필요한 것은 뭐야?'

라는 질문 안쪽에는 필요한 것, 욕구와 관련된 '음식' 등의 말이 있습니다. 2~4명씩 이야기하며 자신에게 지금 필요한 것을 알 수 있습니다. 짝과만 하면 같은 친구만 만나니 앞, 뒤 또는 모둠 대각선 친구와 이야기하거나 모둠원 전체가 할 수도 있습니다. 팔찌처럼 찰 수 있고, 불편하면 책상 서랍에 넣은 후 사용할 때만 보면서 활용하도록 합니다.

> 학생1: 지금 너의 기분은 어때?
>
> 학생2: 기대돼.
>
> 학생1: 왜 기대가 되는데?
>
> 학생2: 다음 주 수요일이 내 생일이거든. 아빠가 ○○사준다고 했어.
>
> 학생1: 좋겠다. 너에게 필요한 것은 뭐야?
>
> 학생2: 음식. 아침을 안 먹고 와서… 지금 너의 기분은 어때?

고학년 학생들은 칠판에 붙이는 것이나 선생님과의 일대일 대화보다 감정카드 또는 공감밴드를 활용해서 짝과 모둠 안에서 이야기하는 것이 좋습니다. 이 외에도 감정 출석부나 비폭력대화 카드 등 감정을 표현할 수 있는 다양한 도구들이 있습니다.

그러나 도구 활용보다 중요한 것은 아침에 이렇게 대화를 하고 하루를 시작하는 것입니다. 속상한 감정으로 등교한 친구들도 이야기를 하다보면 해소가 됩니다. 속상한 마음이 풀리면 마음도 열리고, 학습에도 조금 더 적극적으로 참여할 수 있습니다.

마음을 나누는 회의, 평화회의

또래 관계가 중요하고 민감해지는 고학년 아이들에게 '평화회의'는 관계 형성 뿐 아니라 우리 반이 평화롭고 안전한 교실이라는 사실을 경험하게 해줍니다.

이 활동은 주 1회 '평화회의'를 할 수 있는 요일을 정하는 것으로 시작합니다. 금요일 가장 마지막 시간도 좋습니다. 책상을 모두 뒤로 밀어 놓고 의자만 둥글게 놓은 뒤 서로서로 바라보도록 앉습니다. 그 다음 '이야기 막대'를 활용하여 돌아가며 한 명씩 이야기합니다. 학기 초에는 수업 약속, 학급 존중 약속을 정해도 좋습니다. 이후에는 서로의 학교생활을 공유하며 마음을 나눕니다. 주제는 한 주간 학교 생활을 하면서 어려웠던 점, 즐거웠던 점 등 다양합니다.

평화회의의 특징은 누구나 똑같은 조건에서 이야기할 수 있고 주도하는 사람이 없다는 것입니다. 이런 활동을 할 때는 친구들 이야기를 더 잘 듣고, 모두가 동등하게 참여하는 것이 중요합니다. 그래서 절대 서로에게 비난의 말을 하지 않아야 합니다. 혹시 갈등 상황이 있더라도 이렇게 서로 마음을 나누며 해결할 수 있습니다. "우리 반은 틀려도 뭐라고 하는 사람이 없어!"처럼 서로가 존재 자체로 소중하다는 마음을 갖고 수업에 참여할 수 있도록 분위기를 만드는 것이 중요합니다.

협력하며 관계 형성하기

아침 시간 10분이나 금요일 마지막 시간처럼 시간을 따로 마련할 필요도 있지만, 관계는 함께하는 것만으로도 자연스럽게 형성됩니다. 이 때 도전 의식과 흥미 유발을 위해 경쟁 요소를 활용해도 좋지만, 경쟁 활동보다는 협력하여 토론하고 문제를 해결하다보면 저절로 관계 세우기 연습이 되기도 합니다.

관계를 세우는 수업

❶ 미션 해결하기

이 활동은 함께 미션을 해결하는 과제로 수학, 사회 등 어느 과목에서나 가능합니다. 한 단원 또는 여러 단원을 마치는 정리활동으로 할 수 있습니다.

1 교사는 교실 또는 복도에 해당 단원과 관련된 심화 문제가 적힌 종이를 미리 붙여둡니다.
2 모둠별로 시작 위치는 다르게 하여 출발합니다.
3 함께 문제를 풀어야 다음 단계의 위치를 알 수 있습니다.
4 다음 장소로 가면 새로운 문제가 있고, 풀어야 그 다음 단계로 갈 수 있습니다.

문제에 꼭 교과 관련 문제가 아니라 난센스 퀴즈나 학교 계단 개수 맞추기 등 난이도가 크게 없는 문제를 섞어서 모두가 적극적으로 하도록 돕습니다. 아이들마다 잘하는 것이 다르기 때문에 협력하여 끝까지 모두 마치는 것이 중요함을 강조합니다.

❷ 뮤직비디오 만들기

저학년 통합교과시간에 아이들이 그린 그림을 모으고 음악을 넣어 동영상을 만들어 보는 것도 좋습니다.

> **저학년**
>
> 1 수업 중 배운 내용과 관련 있는 동요 중에 아이들이 좋아하는 노래로 함께 고릅니다.
> 2 가사만 적힌 빈 종이를 주고 그림을 그리게 한 다음 모아서 한 편의 뮤직비디오로 만듭니다.

아이들도 각자 그린 그림이 모여 작품이 된 것을 보며 뿌듯해합니다. 함께 만든 뮤직비디오를 보면 깔깔 웃으며 좋아합니다. 저학년의 경우는 선생님이 만들어야 하는 수고가 있지만 고학년 아이들과는 음악시간 4~5차시를 할애해서 모둠별 뮤직비디오를 만들 수 있습니다.

> **고학년**
>
> 1 뮤직비디오가 무엇인지 살펴보고 어떤 방법으로 만들지 모둠별로 결정합니다.
> 2 표현하고 싶은 노래를 고릅니다.
> 3 모둠별로 정한 방식으로 영상을 촬영합니다.
> 4 찍은 장면 또는 영상을 연결하여 한 편의 뮤직비디오를 만듭니다.

고학년이다 보니 학생들 중에는 동영상 편집 프로그램을 알고 있는 경우도 많고 모르는 친구들을 위해 서로 가르쳐 주기도 합니다. 각 모둠의 아이디어도 다양합니다. 사진이나 이미지를 넣어 만드는 모둠, 직접 이야기를 짜고 연기하며 만드는 모둠, 열심히 춤을 추며 만드는 모둠, 애니메이션 제작 앱을 이용해서 만화를 직접 그리고 애니메이션처럼 만드는 모둠, NG장면도 넣는 모둠, 자막을 넣는 모둠 등 아이들은 서로의 아이디어를 주고받으며 작품을 만들어 가는 과정에서 성취감을 느낍니다.

물론 의견이 달라 마음이 상해서 혼자 하겠다는 아이도 있고, 적극적으로 참여하지 않는다고 답답해 하기도 합니다. 그럴 때 "왜 혼자 하고 싶은 거야?" 물어보면 모두 이유가 있습니다. 함께 의견을 조율하도록 교사가 개입해야 하는 경우도 있지만 마음을 읽어주면서 이야기하면 대부분은 함께 합니다. 그렇게 의견을 조율하면서 협력을 배워갈 수 있습니다.

❸ 협력 그리기

코로나19로 줄어든 것은 등교 일수만은 아닙니다. 등교 수업일 때도 중간놀이 시간을 제대로 활용할 수 없어 아이들이 함께 놀 수 있는 기회가 적어졌습니다.

놀이는 아이들의 관계 형성에 꼭 필요합니다. 그렇기 때문에 원격수업에서도 멈출 수 없습니다. 원격수업일지라도 쉬는 시간에 줌 화이트보드 기능을 활용해서 그림을 그리며 놀다 보면 점점 협력을 배워갈 수 있습니다. 처음부터 잘할 수는 없습니다. 다른 친구들 영역으로 넘어가거나 모두 검게 칠해버리는 친구들도 있습니다. "야! 왜 넘어와. 지워!"

하며 불만을 토로하지만 "마우스로 그림 그리는 것이 쉽지 않지? 처음엔 그럴 수 있어, 다음에 도전하면 더 잘할 수 있을 거야." 라고 말해주면 아이들도 성공하고 싶었는지 다시 도전할 때는 조금씩 나아집니다.

처음에는 선생님이 제시하는 그림을 그리지만, 성취감이 생긴 아이들은 스스로 주제를 정해 그리기도 합니다. "오늘은 비행기를 그려볼까?, 우주를 그려 보자." 라고 이야기하며 작품을 만들어냅니다. 간혹 "왜 너만 하니?" 라는 불만이 섞인 소리도 들립니다. 평소 "너도 하면 되잖아!"라고 소리를 높이던 아이가 "알았어, 난 이쪽에서 할게."라고 말하면서 양보하기도 합니다. 놀이 시간의 변화는 수업 시간에서도 보입니다.

〈줌 화이트보드〉 활동 예시

출처: 정유진 선생님

모둠별로 릴레이 그림을 그리고 편지를 써주는 활동도 할 수 있습니다. 롤링페이퍼처럼 종이를 돌리는데 편지만 쓰는 게 아니라 그림도 그리는 것입니다.

1 종이를 받으면 자신의 이름을 쓰고 옆으로 돌립니다.
2 새롭게 받은 종이에는 얼굴 형태만 그리고 하고 싶은 말을 쓴 후 옆 친구에게 줍니다.
3 다시 새롭게 받은 종이에는 눈을 그립니다.
4 내 그림이 올 때까지 얼굴의 일부분만 그리고 옆 친구에게 넘겨주는 것을 반복합니다.

이렇게 한 번에 그리는 것이 아니라 일부분씩 그려서 완성하는 협력 그림입니다. 그림을 그리는 동안 친구를 바라보며 편지를 쓰고, 최종 완성된 내 얼굴을 보며 모두 즐거워합니다. 이런 활동으로 서로 친밀해지면 다른 수업 시간 모둠 활동에서도 협력이 잘 일어납니다.

출처: 정유진 선생님

우리 반만의 특별한 시간으로 관계 형성하기

교과 수업 시간 외 창의적 체험활동 시간이나 쉬는 시간에도 다양한 활동으로 관계를 세울 수 있습니다.

❶ 칭찬 샤워

매일 한 명을 정해 모든 친구들이 장점을 말해주는 '칭찬 샤워' 활동을 하고, 그 내용을 모아 책으로 엮어주는 '칭찬 책 만들기'도 할 수 있습니다. 한 주에 한 명씩 진행하면 1년 동안 반 모든 친구들에게 칭찬 책을 만들어 주게 됩니다. 특히 고학년 학생들에게는 선생님의 인정과 칭찬도 중요하지만 또래 친구들에게 인정받는 것도 무척 중요하게 생각해서 이런 활동이 더 의미가 있습니다.

❷ 선생님과의 데이트

학습에 있어 선생님과 아이들의 관계도 중요합니다. '선생님은 나를 소중하게 생각해!'라고 느끼는 마음이 학습동기로 이어집니다. 이를 위해 먼저 선생님이 아이들과 마음을 나누기 위해 가까이 가는 것이 중요합니다.

코로나19 등 감염병 위험이 없다면 한 명씩 돌아가며 아이들과 밥을 먹는 것도 좋습니다. 전체로 아이들을 만날 때와 또 한 명씩 개별적으로 만날 때 아이들의 새로운 모습을 발견하기도 합니다. 교실 상황에서는 아무래도 적극적이고 활발한 친구들의 목소리를 더 잘 듣게 되는데 이런 식사 시간 데이트는 교실에서 조용하고 말수가 없는 아이들과의 관계 형성에 많은 도움을 받을 수 있습니다.

학기 초 상담 주간에 점심시간이나 하교 후에 일대일 데이트 시간이라고 정하고 상담의 시간을 갖는 것도 필요합니다. 20-30분정도의 짧은 시간이지만 아이들을 더 이해할 수 있고, 상담 후 아이들 역시 교사를 더 친밀하게 생각합니다. 일대일 상담시간을 마련하기가 쉽지 않다면 미술 시간을 잠시 활용할 수도 있습니다.

❸ 하교 미션

하교 시간도 관계를 형성하기에 좋은 시간입니다. 끝날 때 전체 인사를 한 후 앞으로 나와 한 줄로 서서 한 명 한 명 인사 후 미션을 수행하고 하교하도록 지도할 수도 있습니다. 예를 들어 오늘은 '참참참' 미션이라고 하면, 선생님과 '참참참'에서 이겨야 갈 수 있고 오늘의 인사 미션이 '나의 장점 말하기'라고 하면 나의 장점을 말하는 것입니다. 장점 말하기를 할 때 교사는 잘 경청 후 내가 생각하는 아이의 장점, 혹은 오늘 학교생활 중 사소한 행동 하나를 골라서 칭찬하는 말을 함께 할 수 있습니다. 아이 스스로 장점 하나, 선생님의 칭찬 하나로 끝나는 인사입니다. 미션은 '가위 바위 보'나 '끝말잇기' 등 아이들과 함께 정해도 좋습니다. 미션을 하기 어렵다면 하이파이브, 점프 하이파이브, 악수 등 나만의 인사 방법을 정해서 하고 가도록 할 수도 있습니다. 원격수업 상황에 활용해도 좋습니다. 한 명씩 이름을 부르면 눈을 마주치며 인사하고 원격수업을 종료하는 방법입니다.

이처럼 교사와 학생, 학생과 학생 사이에 좋은 관계가 형성되면 혹시 오해가 있거나 다툼이 있어도 금방 풀리게 되고, 수업 시간에도 더 적극적으로 참여하게 됩니다. 좋은 관계, 평화로운 반 분위기를 만들기 위해 여러 가지 방법을 사용하시는 선생님만의 아이디어도 이번 기회에 한번 정리해 보시면 좋겠습니다.

02 학습동기가 없는 아이들을 위한 동기유발 지도법

학습의 시작, 학습동기

학습동기는 학습 격차를 발생시키는 중요한 요인 중 하나입니다. 학습동기의 차이가 학습 과정, 결과에도 영향을 미치기 때문입니다. 학습동기가 있어야 수업에 적극적으로 참여하게 되고, 자기주도학습도 가능합니다. 교사들은 원격수업에서 학생의 동기 부여, 참여 유도가 쉽지 않았다고 말합니다. 학생들의 학습동기를 유발하기 위해 어떤 노력을 할 수 있을까요?

학습동기란?

우리는 보통 무언가를 할 때 좋아서 또는 재미있어서 시작합니다. 반면에 꼭 즐기는 것은 아니더라도 내가 좋아하는 결과를 가져다주기 때문에 하기도 하고, 또 하면서 점점 좋아지기도 합니다. 학생들도 다양한 학습동기를 가지고 있습니다. 학습 자체에 흥미를 느껴서이기도 하지만, 선생님이 좋아서, 부모님의 인정을 받고 싶어서, 재미있는 활동이어서, 또는 게임에서 이기거나 성공하고 싶어서 하기도 합니다.

이처럼 동기(Motivation)는 우리를 행동하게 하고, 특정한 방향을 향하도록 하며, 특정한 활동을 지속하도록 하는 내적인 상태를 말합니다. 어떤 것을 할지, 어느 정도 할지, 지속할지 여부를 결정하는 것이 바로 동기인 것입니다. 동기가 있으면 더 노력하게 되고, 혹시 실패하더라도 다시 시도하게 됩니다.

동기는 외적 동기, 내적 동기로 구분하기도 합니다. 외적 동기는 좋아하는 보상을 얻거나 안 좋은 것을 피하기 위해 하는 것을 말하고, 내적 동기는 학습 자체가 재미있고, 가치가 있어서 하는 것을 말합니다. 외적 동기는 보상을 받자마자 그 행동을 하지 않을 수 있고, 내적으로 동기화가 될 때 더 즐겁게 주도적으로 하기 때문에 내적동기 자체를 높이는 것이 필요합니다. 그렇지만 지루하고, 어려운 것일수록 외적 동기를 부여하는 것도 필요합니다. 좋은 점수, 교사·부모님·친구들의 인정 등 눈에 보이는 보상(외적동기)을 받기 위해 참여하지만 그 행동에 대해 계속 격려를 하면 유능감이 향상되고 결국에는 내적으로도 동기화가 되기 때문입니다. 그래서 교사들은 외적 동기를 통해 내적 동기를 높이도록 유도하기도 합니다.

그렇다면 학생들의 학습동기와 관계있는 것은 무엇일까요? 먼저 학생들의 기본 욕구에서 생각해보겠습니다.

유능감은 자신이 유능하고, 능력 있는 사람이라고 믿으려는 욕구입니다. 스스로를 얼마나 유능하게 생각하는가는 학습에 있어 중요합니다. 유능감 욕구는 어려운 상황에서도 성공을 하려고 노력하게 만드는 힘이 됩니다. 또 성공하면서 유능감이 높아지기도 합니다. 물론 무조건 성공한다고 유능감을 느끼는 것은 아닙니다. 6학년 학생이 1부터 100

까지 숫자를 쓴다고 해서 성공했다, 자신이 유능하다고 느끼지는 않습니다. 조금은 도전적인 과제에서 성공하는 것이 자기효능감과 유능감을 높여줍니다. 그렇지만 지나치게 어려운 상황에서는 실패를 피하려고 오히려 도전하지 않을 수 있습니다. 따라서 실수를 인정하고 받아들이는 분위기를 형성하도록 긍정적으로 봐주는 것, 학생들이 성공할 수 있다고 믿도록 격려하는 것이 중요합니다. 얼마나 잘하느냐, 못하느냐에 대한 고민보다 주어진 과제를 완수하는 데 초점을 맞추고 성취하도록 해야 합니다.

학생들에게는 자율성을 갖고 싶어 하는 욕구도 있습니다. 자기결정권을 가지고 자발적으로 할 때 더 즐겁게 오랜 기간 몰두할 수 있습니다. 그래서 '무엇은 해야 하고, 무엇은 하지 말아야 합니다'처럼 통제하는 말보다는 '지금은 무엇을 하는 시간입니다'라고 정보를 제공하는 말을 하며, 선택의 기회를 다양하게 주는 것이 필요합니다. 무엇을 어떻게 학습할지 선택권을 주고, 학생들의 의견을 통해 다음 활동을 정할 수 있습니다. 또 스스로 목표를 설정하는 것 역시 자율성을 높입니다.

이외에도 관계에 대한 욕구, 소속의 욕구, 인정과 긍정적인 평가를 받고자 하는 욕구도 있습니다. 그래서 앞 장에서 강조한 것처럼 '관계 형성'이 중요한 것입니다. 선생님이 나에게 관심이 있다고 생각할 때 더 열심히 하는 경우를 많이 보았을 겁니다. 학생들끼리도 서로 존중하고 지지하는 분위기를 조성하는 것이 필요합니다. 수업 중 엉뚱한 질문이나 실수를 해도 창피당하지 않는 교실 분위기를 만들고, 활동을 구성할 때도 친구들과 상호작용할 수 있는 기회를 제공하여 서로 연결되어 있다는 것을 느끼도록 할 필요가 있습니다.

학생 내면에서 일어나는 감정, 느낌, 기분과 같은 정서 역시 동기와 관련 있습니다. 긍정적인 감정 상태이거나 과제나 정보가 도전적일 때 더 동기가 높아지고 집중하게 하는데, 너무 쉽거나 어렵거나 또는 반복적이고 단조로워서 지루하거나 불안한 정서를 가지게 되면 주의가 산만해집니다. 이처럼 학생들의 다양한 욕구와 성향, 정서를 고려하며 교실 분위기를 형성하고 과제를 제시하는 것이 중요합니다.

수업의 시작, 동기유발 활동으로 학습동기 높이기

수업에서 첫 단계를 '동기유발'로 시작하는 것은 중요합니다. 물론 학습 자체가 즐거워서 또는 좋아하는 과목이라서 이미 동기유발이 된 아이들도 있습니다. 그렇지만 수업 초반 아이들의 흥미와 연결되도록 하면 학습에 참여하려는 마음이 생기고, 더 적극적으로 학습을 시작할 수 있습니다. 그래서 교사들은 5-10분 정도의 짧은 시간이지만 어떤 동기유발 활동을 통해 본 수업으로 연결시킬 수 있을지 고민합니다.

학습동기를 높이기 위해서 아이들에게 '의미 있는 정보', '이해 가능한 정보'를 제공하는 것이 중요합니다. 학습 소외를 겪는 아이들에게는 대부분의 수업 내용이 의미 있지도 않고 이해되지도 않습니다. 그래서 미리 포기하고 귀를 닫는 경우도 있습니다. 따라서 '앞으로 배울 것은 어렵지 않다', '함께 할 수 있다', '재미있다'는 메시지를 전달할 필요가 있습니다. 먼저 학생들이 학습에 부담을 갖지 않도록 그림책이나 이야기, 노래로 접근하기도 하고, 영상이나 사진 자료로 시작하기도 합니다.

저는 호기심을 유발하기 위해 '비밀 상자'를 활용합니다. 비밀 상자는 박스의 윗부분을 손이 편하게 들어갈 정도로 구멍을 낸 후 색상지나 골판지로 겉을 꾸며 만듭니다. 이 비밀 상자에 수업 주제와 관련된 물건을 넣어놓고 시작합니다. 학생들은 선생님이 비밀 상자를 가져오는 순간부터 무엇이 나올지 눈을 반짝이며 집중합니다.

〈비밀 상자〉 활동 예시

출처: 정유진 선생님

'다섯 고개'처럼 물건과 관련된 문제를 맞히고 물건을 꺼내며 시작할 수 있습니다. 처음에는 조금 갸우뚱한 문제를 내다가 점점 쉬워지면 "아하!" 하며 서로 답을 하겠다고 손을 듭니다. 문제를 맞히면 맞힌 친구가 비밀 상자에서 꺼낼 수 있습니다. 아이들은 문제를 맞히고 싶어도 하지만 상자에 손을 넣어 뽑는 것 자체가 하고 싶어서 서로 하려고 합니다.

상자에 연필을 넣어 두었다고 생각해봅시다. 어떤 활동으로 연결할 수 있을까요? 예를 들어 1학년 1학기 수학 '5. 50까지의 수'를 배운다면 상자에서 연필 1자루를 꺼낸 후 이미 있던 연필 9자루 옆에 두면서 몇 개인지 세어보자고 할 수 있습니다. 9보다 1만큼 더 큰 수는 10이 되는 것입니다.

　1학년 1학기 수학 '4. 비교하기' 단원을 참고하여 상자에서 꺼낸 연필과 아이들의 연필을 비교하며 어느 것이 긴지 비교하는 활동으로 도입할 수도 있습니다. 2학년이라면 몇 cm일지 길이를 어림해보자고 할 수도 있습니다.

　상자에서 물건을 꺼낼 때 한 사람만 눈을 가리고 촉각 게임처럼 진행할 수도 있습니다. 한 명의 아이가 나와서 눈을 가리고 물건을 뽑으면 친구들은 힌트를 줍니다. 눈을 가린 친구는 만져도 보고, 친구들의 설명을 들으며 맞추게 됩니다.

　영어 시간이라면 새로운 어휘를 익힐 때 상자에 물건을 넣어두고 추측 게임(Guessing Game)을 하거나, 하나씩 꺼내 보여주며 의미를 알게 할 수도 있습니다. 사진이나 그림을 보여주며 소개할 수도 있지만, 실물로 보고 활동에 활용하면 어휘 이해에 더 도움이 됩니다.

　'선생님의 비밀 상자'처럼 아이들이 처음 보거나 신기해하는 것을 보여주고 문제를 맞히는 식으로 재미있는 활동을 시작하면 수업에 더 흥미를 가지고 참여할 수 있습니다.

　학습동기는 학습이 가치 있다고 믿는 것과 연관이 있습니다. 앞으로 배우는 것들이 교과서 속 공부로만 끝나는 것이 아니라 실생활과 연관되고, 또 우리의 경험과 관련 있다는 것을 느끼게 되면 학습하는 것이 더 의미 있게 됩니다.

　예를 들어 영어시간에 'Don't run. Don't walk.' 같은 금지 표현을 배울 때 교사가 실제 찍었던 표지판 사진을 보여주며 선생님이 표지판의 의미를 몰라서 곤란했던 경험 이야기로 시작합니다. 아이들의 경험을 이야기할 수도 있습니다. 사진은 외국에서 직접 찍었던 표지판도 좋지만, 우리나라 지하철 스크린도어나 승강기에서 볼 수 있는 표지판도 좋습니다. 경험을 말할 때 선생님 얼굴이 나온 사진을 보여주면 현장감이 느껴져서인지 학생들은 더 관심을 가집니다. 영어권 국가에서 실제 볼 수 있는 것을 어떻게 말할 수 있을지 알게 되면서 앞으로 배워야하는 동기가 생기는 것입니다. 선생님의 경험을 듣고 또 자신의 경험을 이야기하면서 공부의 의미를 말해주지 않아도 스스로 느끼게 됩니다.

출처: 정유진 선생님

학습 주제에 관심을 갖도록 그림책이나 이야기로 도입할 수도 있습니다. 예를 들어 펩 몬세라트의 『루빈스타인은 참 예뻐요』라는 그림책에 등장하는 사람들은 루빈스타인이 참 예쁜데도 그것을 알아보지 못합니다. 다른 사람과는 다른 특별함 때문입니다. 이 이야기를 도덕 시간에 '우리는 어떤 모습이라도 다 소중하다'는 내용 또는 '참된 아름다움'에 대해 생각해보는 내용을 배울 때 활용할 수 있습니다. 그림책 자체가 평소 아이들이 생각하지 못한 내용이고, 반전이 있는 내용이라 놀라면서도 학습 주제에 더 몰입하게 되는 효과를 볼 수 있습니다.

이 밖에도 지난 시간에 배운 내용을 퀴즈로 풀어보거나 마인드맵(생각 그물)을 그려보며 배경지식을 떠올리게 하면 새롭게 배우는 내용 이해에 도움이 됩니다.

학습동기를 높이는 수업

학습 단계의 하나로 '동기유발'이라는 말을 쓰긴 하지만 동기유발은 수업 전체 흐름을 구상할 때도 고려해야 합니다. 그렇다면 학습동기를 높이는 수업을 위해서는 무엇을 고려해야 할까요?

학습동기는 학생의 흥미를 끌고 호기심을 자극하는 내용이나 과제, 자료와 관련 있습니다. 새로운 지식이나 정보는 자연스레 아이들의 호기심을 끌게 됩니다. 모순되거나 예기치 못한 상황으로 지적 갈등을 유발하고, 해결해야 하는 문제가 발생해서 고민해야 하는 상황, 도전의 상황을 제시할 수도 있습니다. 가끔은 모둠, 짝, 전체 등의 수업 형태나 과제의 적절한 변화도 필요합니다. 더불어 구체적인 예나 실물을 활용할 때 학습동기는 더 높아집니다. 아이들에게 다양한 선택의 기회를 주며 지속적으로 학습동기를 높일 수 있도록 독려하는 것이 중요합니다.

온라인 수업 속 학습동기 높이기

어느새 온라인 수업, 쌍방향 수업에도 많이 익숙해졌습니다. 온라인에서도 다양한 학습형태를 구현하기 위해 전체학습, 소회의실을 이용한 짝, 모둠활동을 구상합니다. 여러 가지 퀴즈나 놀이, 심지어 역할놀이까지 대면 수업과 다르지 않게 진행하려고 합니다. 오히려 온라인 수업만의 특성을 살려 다양한 디지털 협력 도구를 사용하기도 합니다. 이렇게 익숙해진 온라인 수업 또는 온라인 매체를 이용한 수업은 코로나19가 끝난다고 사라지지는 않을 것입니다.

오랜 시간 쌍방향 수업을 지속하면서 쌍방향 수업이 편한 학생들은 시키지 않아도 열심히 발표하고 활동에 참여합니다. 그러나 전체 활동에서는 유난히 소극적인 아이들이 있습니다. 쌍방향 수업이 장기화되면서 점점 소극적으로 변하기도 합니다.

이런 고민을 하다가 메타버스(Metaverse) 플랫폼 '게더타운(gather.town)'을 활용해 보았습니다. 메타버스는 가상, 초월 등을 뜻하는 영어 단어 '메타'(Meta)와 우주를 뜻하는 '유니버스'(Universe)의 합성어로, 현실세계와 같은 활동이 이뤄지는 3차원의 가상세계를 말합니다.

게더타운에서는 교실처럼 공간을 구성하고 아바타를 활용해 실제 교실에 있는 것처럼 움직이며 활동합니다. 공간을 새롭게 만들어도 되지만 기존에 제공되는 공간을 사용할 수도 있습니다. 이 공간에서는 인테리어를 하듯 가구나 물건을 놓을 수 있고, 링크 연결, 화면 공유도 가능합니다. 또 화상회의 플랫폼처럼 얼굴이 보이고, 대화도 할 수 있습니다.

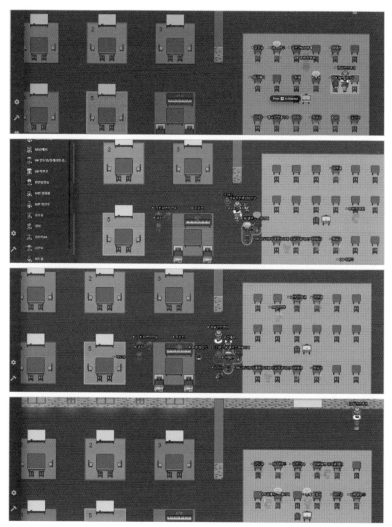

출처: 정유진 선생님

새로운 매체를 사용할 때는 어떻게 학습과 연결시킬지를 더 고민하게 됩니다. 아이들의 흥미, 호기심과는 연결이 될지 몰라도 오히려 학습이 되지 않는 경우도 있기 때문입니다. 특히 게더타운은 PC나 노트북에서만 상호작용이 가능하다는 한계가 있습니다. 하지만 아바타가 가까이 있어야 친구 얼굴이 보이고 서로 말할 수 있기 때문에 실제 교실에서 짝과 얘기하는 것처럼 느낄 수 있어, 소극적인 아이들의 심리적 부담을 덜어주기도 합니다.

국어시간에는 글을 읽고 문제를 만든 후 서로 문제를 내고 맞히는 활동을 하기도 합니다. 이러한 수업을 게더타운에서도 실현해 볼 수 있습니다.

1 먼저 오른쪽 교실과 같은 공간 의자에 한 명씩 앉습니다. 모두 모이면 화면을 공유하며 오늘 활동에 대해 설명합니다.

2 아이들은 미리 링크로 연결해 둔 이야기 영상을 각자 보고, 자신의 자리로 돌아와 짝과 2-3개씩 문제를 만들어봅니다.

3 그리고 왼쪽 공간 모둠으로 자리를 옮겨 모둠 친구들과 문제를 내고 맞혀 봅니다. 모둠 자리로 아바타를 옮기면 가까이 앉은 친구들은 화상으로 얼굴을 보며 이야기를 나눌 수 있습니다. 그리고 미리 놓아둔 화이트보드에 들어가서 문제를 적으면 나중에 다른 모둠 친구들도 와서 볼 수 있고, 활동 여부를 확인할 수 있습니다.

4 모둠 문제 중 마음에 들거나 어려운 문제를 하나씩 고르도록 한 뒤, 모든 아이들 활동이 끝나면 전체적으로 문제를 풀어 볼 수 있습니다.

위와 같은 활동은 화상회의 플랫폼에서도 가능하지만 게더타운에서는 공간 구성 뿐 아니라 아이들이 스스로 이동할 수 있어서 교실과 비슷한 환경을 느낄 수 있습니다. 교사도 각 모둠 활동을 더 편하게 볼 수 있습니다.

혹시 속도가 빠른 친구들은 미리 구성해 놓은 교실의 다른 공간에 가서 영상을 보거나 퀴즈를 풀 수도 있습니다. 쉬는 시간에는 교실에서 돌아다니는 것처럼 아바타를 움직여 여러 친구의 옆으로 자리를 이동하며 이야기할 수도 있습니다. 또 아바타 친구들과 잡기 놀이도 가능합니다.

이 밖에도 여러 가지 활동이 가능합니다. 교실처럼 돌아다닐 수 있으니 둘이 만나서 조사하는 활동도 할 수 있고, 짝에게 서로 가르쳐주는 활동이나 게임 형태도 가능합니다. 오브젝트(Object)에서 피아노를 골라 공간에 배치해 두면 누구든지 들어가서 피아노를 칠 수 있습니다. '크롬 뮤직랩(CHROME MUSIC LAB)'과 연결되어 연주 후 저장도 가능합니다. 음악 시간에는 가락 창작하기나 간단한 가락 연주를 연습할 수도 있습니다. 영상뿐 아니라 띵커벨 보드 같은 협력 도구 링크를 연결하여 각자 의견을 적고 의견에 대한 댓글 달기 활동으로도 활용할 수 있습니다.

여기서는 2개의 공간을 사용하는 사례를 나누었지만 익숙해지면 여러 공간을 이동하며 다양한 활동을 선택할 수 있습니다. 활동 순서에 자율성을 주고, 자신의 속도에 맞게 활동하는 것입니다. 교실 공간을 느낄 수 있을 뿐 아니라 친구들과 상호작용을 하면서도 다양한 활동을 자율

적으로 선택할 수 있는 상황이 학습동기를 높이게 됩니다. 교사는 일대
일 피드백에 더 집중할 수 있어서 도움이 필요한 친구들에게 바로 도울
수 있는 점이 좋습니다.

학습동기를 높이는 활동

성공하는 경험이 많아질수록 내적 동기가 높아질 수 있습니다. 그래서
아이들이 성취감을 느끼도록 조금 도전적인 활동으로 구성하려고 합니
다. 그런데 교과서 자체가 어떤 아이들에게는 도전이 되는 활동입니다.
오히려 지나친 도전으로 느껴져서 포기하게 만들기도 합니다.

　예를 들어 수학의 경우 각 단원의 마지막을 보면 3, 4학년은 '생각
수학', 5, 6학년은 '도전 수학', 3~6학년 모두 '탐구 수학' 차시가 있습니
다. 배운 단원의 내용을 생활 속 문제로 적용하고 문제를 해결하는 차시
라서 어려워하는 경우가 많습니다. 어떤 아이들은 문제 자체를 이해하
는데 어려움을 느낍니다. 그래서 단계를 정하고 몇 단계까지 도착하는
지 도전 형식으로 지도할 수 있습니다. 이 과정은 꼼꼼한 피드백이 필요
해서 대면수업 때 진행하는 것이 좋습니다.

　다음은 3학년 2학기 수학 '1. 곱셈' 마지막 차시인 '탐구수학'으로
탄소 발자국을 얼마나 줄일 수 있는지 알아보는 활동입니다.

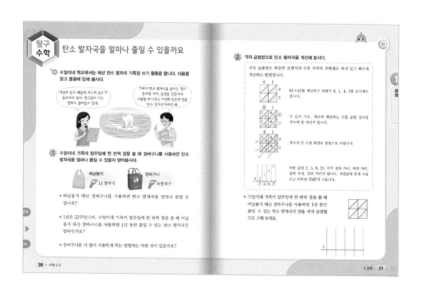

1단계는 문제 이해 단계입니다. 문제에서 묻는 것, 문제에서 제시된 정보를 여러 번 확인하며 나의 말로 정리해보도록 합니다. 간단히 쓰더라도 문제를 잘 이해했는지 확인하는 것이 필요합니다.

· 1단계 ·

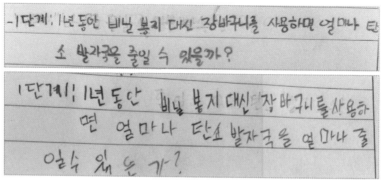

출처: 정유진 선생님

2단계는 문제 푸는 방법을 써보는 것입니다. 비닐봉지를 한번 사용할 때 11 발자국인데 장을 52번 보니 '11과 52를 곱한다.'고 쓸 수 있습니다. 2단계만 통과해도 큰 성공입니다.

2단계

2단계: 52 X 11

2단계 : 곱셈식을 이용. 52 X 11 = 572

3단계에서는 실제로 문제를 풀어봅니다. 이때 내가 할 수 있는 방법을 모두 활용해서 식을 써보라고 도전 과제를 줄 수 있습니다. 세로 계산을 풀 수도 있고, 가로 계산으로 풀 수도 있고, 격자 곱셈법으로 풀 수도 있습니다. 또 주어진 수를 그대로 계산하는 것이 아니라 수를 분해하고 합성하여 계산하기도 합니다.

3단계

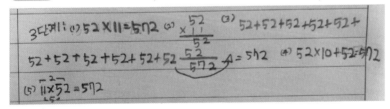

4단계는 심화단계로 새로운 문제를 만들어보는 것입니다. 이렇게 문제까지 만들 수 있으면 자신감이 올라갑니다.

`4단계`

4단계: 문제 만들기. 딸기가 봉지 하나에 5개씩 11봉지 있습니다. 딸기는 모두 몇개 일까요? ⑤?

4단계: 경찰이 도둑을 52_명씩 11줄로 세웠습니다 경찰이 잡은 도둑은 모두 몇명 일까요?

4단계: 사탕이 52개씩 11통 있습니다. 사탕은 모두 몇개 일까요? 답. 5□2_개

곱셈식, 나눗셈식을 그냥 계산하는 것은 잘하지만 문제가 문장으로 제시되거나 생각할 것들이 많아지면 어떻게 해결해야 할지 모르는 아이들이 많습니다. 수학의 경우 문장제만 나타나면 문제 자체를 이해하기 어려워서 실패를 경험했던 아이들이 많습니다. 이런 아이들은 학습된 무기력으로 '난 원래 못해'라는 생각을 가지고 읽지도 않고 피해버리기도 합니다. 그래서 이렇게 작은 단계로 나누어 하나씩 단계별로 지도하면 성공하는 경험이 쌓이게 됩니다. 또 이러한 학습전략이 익숙해지면 '나도 할 수 있다'는 자신감이 생겨 학습에 대한 동기가 더 생길 수 있습

니다. 이 때 교사는 한 단계 한 단계 통과할 때마다 격려해주어야 합니다.

학습동기를 높이는 방법 중 하나로 교실 속에서 교과서 내용과 연결한 활동을 하며 교과에 대한 학습동기를 높이는 방법을 소개해 보겠습니다.

예를 들어 6학년 1학기 사회 '1. 우리나라의 정치 발전'에서는 민주적 의사결정이나 국가 기관에서 하는 일 등의 내용이 나옵니다. 실제 삶과 연결되는 것이지만 어렵기도 한 내용이라 이해 없이 외우게 되면 점점 더 어렵게만 느껴질 수 있습니다. 좀 더 쉬운 접근을 위해 학교생활 속에서 민주주의 의사결정과 국회, 법원이 하는 일을 경험할 수 있도록 법무부 법 교육프로그램인 '학생자치법교육*'을 신청하여 '자치규약 만들기'와 '학생자치법정'을 운영해볼 수 있습니다. 학생용 자료집이나 시나리오, 서식 등 관련 자료를 보내주기 때문에 우리 반 상황에 맞게 필요한 것만 적용할 수도 있습니다. 모의재판을 하거나 우리 반 자치법정을 할 때 검사복, 판사복을 직접 입으면 아이들은 이것만으로도 매우 즐거워합니다.

물론 이 프로그램을 신청하지 않더라도 학급 규칙을 세우고, 학급 회의를 할 수도 있습니다. 자치법정 또는 학급 회의를 하며 교과서에서 배우는 내용을 실제로 경험해보는 것입니다. 또, 교실 속 배움을 넘어 직접 체험 활동을 해볼 수도 있습니다. 6학년 아이들과 국회 참관, 청와대 관람을 하거나 구의회 등을 방문하며 경험할 수 있습니다.

　　이외에도 학생들과 공동의 목표를 정하고 협력하는 과제를 제시하거나 직소협동학습처럼 새로운 학습동기를 유발할 수 있는 과제를 구상하여 진행할 수 있습니다. 동시에 함께해야하는 것은 학생의 선택을 존중하고 노력을 지지해주는 환경을 마련해 주는 것입니다. 활동하는 동안 적절한 도움, 피드백을 제공하고 서로의 의견을 존중하며 노력한 과정, 성취에 대해 지지할 때 관계성에 대한 욕구도 충족되고, 학습 과정에 대한 흥미가 높아질 수 있습니다.

배움의 속도가 다른 아이들은 어떻게 피드백 할까?

피드백의 유형과 조건

코로나19로 인해 교실 속 학습 격차가 심화된 원인 중 하나로 '교사와 학생 사이의 피드백 부족'을 들 수 있습니다. 뉴질랜드의 교육학자 존 해티(John Hattie)는 피드백을 학생들의 성장과 변화를 끌어낼 수 있는 중요한 수단이라고 이야기합니다. 피드백이 무엇인지, 어떻게 하는 것이 교실 속에서 아이들의 성장을 도울 수 있는지 생각해볼 필요가 있습니다.

피드백의 의미와 유형

피드백은 학생이 수학 익힘책을 풀었을 때 어떤 것이 맞고 틀렸는지 알려주는 것, 미술 작품을 그려왔을 때 '잘했어'라고 이야기하는 것처럼 학습 활동 중 잘된 점, 부족한 점 등을 이야기해주는 것에 그치지 않습니다.

우선, 피드백의 의미를 생각해보기 위해서는 이 세 가지 질문을 기억해야 합니다. 첫 번째, 어디로 가고 있는가?(Where am I going?: 학습 목표)는 피드 업(feed up)이라고 하며 학습 목표에 관한 이야기입니다.

학생이 이번 수업 시간에 도달해야 할 학습 목표가 무엇인가를 의미합니다. 두 번째, 현재 어디쯤 있는가?(How am I going?: 현 수준)는 피드백(feed back)이라고 하며 현재 학습 목표와 관련하여 수행할 수 있는 학생의 현재 수행 수준이 어느 정도인가를 뜻합니다. 세 번째, 목표와의 갭을 줄이려면 어떻게 해야 하는가?(Where to next?: 다음 단계)는 피드포워드(feed forward)라고 하며 학습 목표와 현재 학생의 수행 능력 사이의 차이를 줄이는 방법을 의미합니다.

위의 세 가지 질문을 도식화시키면 다음과 같습니다.

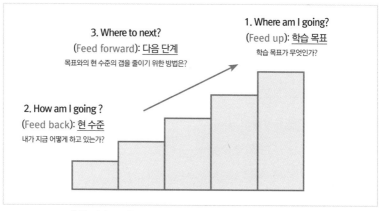

출처: 김선, 반재천(2020)과 낸시 프레이, 더글러스 피셔(2021) 자료를 활용한 재정리

학습 목표와 현재 학생의 수행 수준 사이의 계단 높이를 줄일 수 있는 정보를 교사가 학생에게 제공하는 것이 피드백입니다. 그러므로 처음 이야기한 것과 같이 학생에게 '잘했어'라고 이야기하는 것은 나의 주관적인 평가이고 학생이 학습 목표 중 어떤 부분을 잘했고 더 발전시키

기 위해서 어떤 부분을 노력해야 하는지에 대한 정보가 들어 있지 않습니다. 마찬가지로 아이에게 맞은 문제와, 틀린 문제를 알려주는 것은 현재 아이의 상태를 확인시켜 줄 수는 있지만, 학생이 틀린 문제를 학습목표에 가까워지게 하려면 어떤 노력을 해야 하는지 아는 데에는 큰 도움이 되지 않습니다.

즉, 피드백은 주관적인 평가나 비교가 아니라 아이가 성장할 수 있도록 어떤 행동을 해야 하는지에 대한 구체적인 정보를 제공하는 데 있습니다.

또한, 피드백은 교사가 학생에게 하는 것뿐만 아니라 교사도 학생으로부터 받을 수 있습니다. 예를 들면 '선생님이 설명한 내용 중 이해하기 어려운 부분이 있니?' '선생님 지금 목소리 잘 들리니?' '이 영상 자료는 네가 이해하는 데 도움이 되었니?'와 같은 질문을 통해 학생이 학습 목표에 도달하는 것을 도울 수 있습니다. 즉, 피드백은 일방이 아닌 교사와 학생의 꾸준한 상호작용입니다. 교사가 학생으로부터 받는 피드백의 목적도 학생의 학습 목표 도달을 위한 것이라고 할 수 있습니다.

피드백은 기준에 따라 다양한 분류가 가능합니다. 그 중, 기능에 따라 피드백을 분류하면 크게 '조언적 피드백'과 '평가적 피드백'으로 나눌 수 있습니다. 조언적 피드백은 수행한 것에 대한 정보를 제공하는 피드백이고 평가적 피드백은 학생이 수행한 것을 판단하는 것입니다.

평가적 피드백	조언적 피드백
수행한 것에 대한 판단 학생 자신이 통제 받는 것으로 인식	수행한 것에 대한 정보를 제공 학생 자신이 피드백 받은 정보를 선택해서 사용하는 주체
- 보상하기(청소 면제권, 미소 짓기) - 인정하는 말(잘했어, 훌륭해) 🏅 평가적 칭찬	- 성취한 것을 명확하게 말해주기 - 성취를 확장하여 구성해 나가도록 하기 🏅 조언적 칭찬
🏅 평가적 비판	🏅 조언적 비판
- 벌주기(쉬는 시간 안주기, 벌점) - 잘못했다고 생각하도록 표현하기	- 개선해야 할 것을 명확하게 말해주기 - 개선 방법을 구성해 나가도록 하기

출처: 김선, 반재천(2020)과 낸시 프레이, 더글러스 피셔(2021) 자료를 활용한 재정리

평가적 피드백은 그 내용이 긍정적이냐 부정적이냐에 따라 평가적 칭찬과 평가적 비판으로 나눌 수 있습니다. '훌륭해' '네가 제일 잘했어' 와 같은 표현이 가장 대표적인 평가적 칭찬이고 스티커를 활용한 보상 또한 평가적 칭찬이라고 할 수 있습니다. 평가적 비판은 잘못한 부분에 대하여 벌점을 주거나 쉬는 시간의 일부를 제한하는 것과 같은 방법으로 벌을 주는 것에 해당합니다.

조언적 피드백은 평가나 판단이 아닌 학생의 활동에 대한 '정보를 제공'하는 것입니다. 조언적 칭찬은 성취한 것에 대해 명확하게 정보를 제공하고 더 나아가 성취를 확장할 수 있도록 돕는 정보를 제공하는 것입니다. 조언적 비판은 개선할 사항에 대한 명확한 정보를 제공하고 개선할 수 있는 방법에 대하여 학생이 구상해 나갈 수 있도록 돕는 것입니다.

효과적인 피드백의 조건

한 연구에 따르면(Kluger & Denisi, 1996) 우리가 하는 피드백의 1/3 은 효과가 없거나 혹은 학습에 부정적인 효과를 가지고 온다고 합니다. 피드백은 다양한 상황과 맥락 속에서 진행되기 때문에 모든 상황에 다 효과가 있는 피드백은 없습니다. 그렇지만 효과적인 피드백이 되기 위한 기본적인 방향을 알고 있는 것만으로도 피드백의 효과를 높일 수 있을 것입니다.

첫째, 피드백은 평가가 아닌 조언이어야 합니다. 피드백의 목적은 학생의 성장을 돕는 것입니다. 교사의 평가가 중요한 것이 아니라 학습자가 학습에 활용할 수 있는 정보를 제공하는 것이 필요합니다. 예를 들어 '잘했어' '오늘 네 수업 태도가 제일 좋았어' '이 글은 정말 작가 같구나'와 같은 말은 모두 평가적 피드백의 예입니다. 학생의 수행 활동에 대한 칭찬을 할 때에는 거기에 덧붙여 학생이 이후 실행 가능한 정보를 주어야 합니다.

둘째, 학생이 이해할 수 있는 구체적이고 명확한 피드백이어야 합니다. 피드백을 받고 실제로 아이가 본인의 학습에 적용하고 발전시키기 위해서는 앞으로 내가 무엇을 하면 되는지에 대한 구체적인 정보를 주는 것이 필요합니다. 예를 들면, '얘들아, 우리가 지금 기행문 쓰기를 하고 있잖아~ 기행문에 들어가야 할 요소 중에 일정과 견문은 잘 드러나는데 거기서 느낀 너의 감상이 드러나지 않았네. 이 문단에서 다보탑을 본 것에 대한 너의 감상을 더 넣으면 어떨까?'와 같이 당장 내가 수행할 수 있도록 이해 가능한 구체적인 피드백을 해야 합니다.

또한, 이런 피드백을 전달할 때에는 '나는 너의 성장을 돕고 싶어' '너를 기대하고 있고 충분히 학습을 수행할 수 있을 것이라고 믿어'와 같은 긍정적인 기대의 표현도 함께해주는 것이 필요합니다. 피드백을 받는 학생이 피드백을 잘 받아들이고 본인의 학습에 잘 활용하기 위해서는 피드백을 주는 사람에 대해서 신뢰하고 서로 긍정적인 관계 형성이 되어 있어야 하기 때문입니다.

셋째, 피드백은 적절한 양을 제시해야 합니다. 피드백의 정도가 원래 수행할 양보다 많으면 안 됩니다. 아이가 5만큼 했는데 피드백으로 수정해야 할 부분이 10이라면 아마도 아이는 학습을 포기할지 모릅니다. 특히 학습의 속도가 느리거나 학습에 어려움을 겪는 학생들은 학습 목표를 작은 단계로 나누어 바로 다음 단계에 대한 피드백을 제공하여 작은 성취를 맛볼 수 있도록 도와주는 것이 필요합니다.

넷째, 피드백은 적절한 시간에 제공되어야 합니다. 적절한 시간이란 대부분 수행과 가장 가까운 시기를 이야기합니다. 예를 들어 학습 과제를 제출했다면 피드백은 가까운 시기에 제공되는 것이 좋습니다. 수업 장면 중에 학습의 어려움을 확인했다면 가장 빠른 시기에 도움을 주는 것이 좋습니다. 그리고 교사가 피드백을 제공한 다음 아이가 실제로 본인의 학습에 적용해 볼 수 있도록 기다리는 시간 또한 필요합니다. 적시에 제공하는 것도 중요하지만 연달아 여러 개의 피드백을 계속 제공한다면 아이가 스스로 적용해 보고 과제를 개선하는 것을 오히려 어렵게 만들 수도 있습니다. 스스로 피드백을 선택하여 적용해 보고 다시 발전된 모습을 확인할 수 있도록 기다리는 인내심도 필요합니다.

학습 격차를 줄이는 교실 속 피드백

교실에서 피드백은 다양한 형태로 이루어집니다. 피드백을 전달하는 방법으로는 구두, 서면, 시연의 방법을 사용합니다.

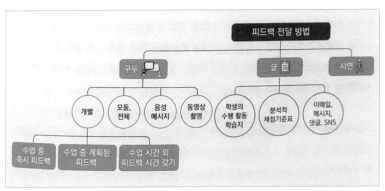

출처: 김선, 반재천 저. 학생의 배움과 성장을 지원하는 과정 중심 피드백

교실 속 구두 · 서면 · 시연 피드백

❶ 구두 피드백

구두 피드백은 학습이 일어나는 상황 속에서 바로 피드백이 가능하기 때문에 '적시성'이 가장 뛰어난 피드백 방법입니다. 수업 중 학습의 어려움을 파악하고 바로 도움을 주는 것이 가능합니다. 구두 피드백은 피드백을 받는 대상에 따라 개별 피드백과 집단 피드백으로 나눌 수 있습니다. 개별 피드백은 세 가지 형태로 진행해 볼 수 있습니다.

첫째, 수업 시간에 개별 활동을 하는 동안 도움이 필요하다고 생각되는 학생의 자리로 찾아가 피드백을 제공하는 것입니다. 보통 수학 교과서로 수업을 하고 아이들이 익힘책을 풀고 있을 때나 수업 중 개별 활동을 할 때입니다. 이때, 교실을 돌아다니면서 아이들에게 '어려운 부분이 있거나 도움이 필요한 문제는 언제든지 선생님을 불러줘'라고 미리 이야기를 합니다. 피드백을 받는 것의 주체는 아이들이므로 선택권을 주는 것입니다. 온라인 학습으로 교사와 학생의 피드백이 어려워졌다는 것은 수업 중 일어나는 이런 1:1 개별 피드백이 어려워진 것이라 생각합니다.

둘째, 수업 중 계획하여 개별 피드백을 제공하는 것도 가능합니다. 예를 들면 국어책 몇 쪽까지 다 한 친구는 선생님 자리로 오기, 수학 익힘책을 다 푼 경우 순서대로 오기, 그림을 다 그리고 나서 완성된 작품은 선생님께 가지고 오기와 같은 방법으로 피드백을 하는 것입니다. 이런 상황에서도 '잘했어' 혹은 '맞고 틀린 것'을 가르쳐 주는 것에서 더 나아가 아이가 학습 목표에 도달하기 위해 어떤 부분을 구체적으로 수정해야 하는지에 대한 안내가 필요합니다. '너는 왜'로 시작하기보다는 '이렇게 해보는 것은 어떨까?'로 시작하는 피드백을 하는 것입니다. 어렵지만 이런 말 하나에서 교사는 학생에게 너의 평가자가 아니라 너를 도와주고 지원해주고 싶다는 뜻을 보여줄 수 있습니다.

마지막으로 시간이 부족한 경우, 수업 시간 외에 시간을 할애하여 피드백을 하기도 합니다. 그런데 이렇게 아이들에게 구두 피드백을 실시할 때의 유의할 점이 있습니다. 피드백의 내용을 다른 학생들에게 공개할 필요가 없다는 점입니다. 개별 피드백의 내용은 그 학생 개인의 학습 향상을 위한 정보를 담고 있습니다. 다른 아이들은 이미 수행이 가능한 것일 수도 있기 때문에 군이 피드백이 필요하지 않고, 피드백 받는 학생도 원하지 않을 것입니다. 학습에서 뛰어난 향상을 보이는 친구를 칭찬하고 싶어서 '얘들아, ○○이가 이전에는 이 부분을 어려워했는데 지금 하는 것을 보니 이제 충분히 잘하게 되었어.'라고 이야기를 한다면 ○○이는 기분이 어떨까요? 오히려 교사는 칭찬할 의도로 한 이야기지만 아이들에게 그동안 못했던 본인의 모습을 들추어낸다는 기분이 들 수 있습니다. 그 학생만 들릴 정도로 '어려워했던 부분이 이제는 이해가 되었구나. 어떻게 이렇게 짧은 사이에 모두 이해하게 되었을까? 집에서도 따로 연습을 해보았니?'와 같이 조용히 이야기 해주는 것으로 충분합니다.

집단 구두 피드백은 수업 시간에 수시로 일어납니다. 설명을 하는 중 아이들이 어려워하는 부분에 대해서 다시 설명을 하거나 전체를 대상으로 설명을 하고 잘 이해되지 않거나 다시 설명을 듣고 싶은 학생들을 교사 옆으로 모아서 다시 설명을 하는 것과 같은 방법으로 이루어집니다.

❷ 서면 피드백

서면 피드백의 경우 아이들이 학습지나 평가지를 이용하여 피드백하는 것을 의미합니다. 서면 피드백의 경우 개별로 이루어지고 구두보다 공식적이며 좀 더 길게 기록 보관이 가능합니다. 다른 피드백과 마찬가지로 점수나 평가 결과만으로는 피드백이 될 수 없으며 어떤 부분을 어떻게 해야 목표에 더 가까워질 수 있는지 정보가 포함되어 있어야 합니다.

서면 피드백을 할 경우, 학생들은 보통 점수나 등급이 적혀 있으면 그 아래에 교사가 어떤 코멘트를 달아도 신경을 쓰지 않는 경우가 많습니다. 학습이 진행 중이고 개선이나 향상될 기회가 있어야 피드백이 잘 사용될 수 있는데, 이미 점수가 결정되었다면 내가 향상시켜야 할 정보에 대해서는 별로 관심을 갖지 않게 됩니다. 그래서 최종적으로 결과가 결정되어 통보해야 하는 순간이 아니라면 가급적 점수나 등급을 표시하지 않는 것이 피드백에 효과적입니다. 온라인 수업 중 학생에게 채팅 창으로 안내하는 것, 패들렛이나 보드와 같은 공간에 댓글을 통해서 개별 피드백 하는 경우도 모두 이런 서면 피드백에 해당됩니다.

❸ 시연 피드백

시연 피드백의 경우 미술, 음악, 체육과 같은 과목에서 새로운 동작을 익히거나, 새로운 개념을 배울 때 교사의 시범을 통해 피드백 하는 것을 말합니다. 학생들은 교사의 시범을 관찰하며 스스로 본인이 수행하고 있는 것과 어떤 것이 같고 다른지를 파악하고 개선하기 위한 방법을 찾아낼 수 있습니다. 저학년 아이들의 경우 종이접기나 만들기를 할 때 잘 되지 않는 부분을 선생님이 확대한 실물 화상기에 다시 천천히 보여주며 따라 하도록 하는 것, 리코더를 불 때 손의 위치, 텅잉 방법을 교사의 모습을 보고 따라 하는 것 등이 시연 피드백의 예가 될 수 있습니다.

학업 성취 능력에 따른 피드백 방법

교실은 학습의 속도나 성취 수준이 다른 아이들이 모두 함께 있는 공간입니다. 학생의 학습 성취 능력에 따라 피드백을 하는 방법에도 차이가 있어야 합니다.

학습이 느린 학생을 위한 피드백

학습이 느린 학생을 위한 가장 기본적인 피드백 방법은 자기 참조 피드백을 활용하는 것입니다. 자기 참조 피드백은 학생의 학습 활동을 학습목표에 비교하여 피드백 하는 것이 아니라 이전 '자신의 학습 활동'과 비교하여 피드백 하는 것을 의미합니다.

학습에 어려움이 있는 아이들의 경우 그동안 부정적인 피드백을 받았을 가능성이 높습니다. 이 아이들에게 피드백은 부정적이고 불쾌한 감정을 일으킬 수 있습니다. 그래서 도움이 되는 피드백도 받아들이려 하지 않고 활용하지 않기 때문에 학습동기를 높이고 피드백에 대한 부정적인 감정을 해소하기 위한 방법으로 자기 참조 피드백을 활용하는 것이 좋습니다.

일반적인 학생들에게는 학습 목표를 달성하기 위해 내가 지금 어떤 부분의 행동 변화가 있어야 하는지를 피드백하며 '목표 참조 피드백'이나 '준거 참조 피드백'을 사용합니다. 그러나 학습 목표와 현재의 학습 상황 사이가 너무 벌어져 있는 경우에는 학습 목표에 초점을 맞추는 것이 아닌 지난번 나의 학습 상황에 비추어 발전된 부분을 꼼꼼하게 살피고 긍정적인 피드백을 해주는 것부터 시작하는 것입니다.

자기 참조 피드백을 활용하면서 학습 활동에 대한 정보를 제공할 때도 앞으로 해야 하는 학습 활동의 단계를 세부적으로 나누어 작은 것부터 시작하도록 돕습니다. 아주 작은 성공부터 느껴보는 것입니다.

마지막으로 교사의 피드백을 학생이 이해했는지 계속 확인할 필요가 있습니다. 학습이 느린 아이들의 경우 교사의 피드백 내용을 이해하지 못해서 활용하지 못하는 경우도 있습니다. 그래서 단계마다 질문을 통해서 피드백을 잘 이해하고 있는지 확인합니다. 예를 들어 'ㅇㅇ야, 여기까지 한 다음에 무엇을 살펴보면 좋을까?'와 같이 질문을 통해 아이의 이해도를 확인하고 스스로 다음 단계에 대해 생각해 볼 수 있도록 돕는 것입니다.

학습이 빠른 학생을 위한 피드백

학습이 빠른 학생들은 스스로 피드백 하는 것에 익숙한 아이들입니다. 교사가 피드백을 주기 이전에 자신의 학습 상황을 스스로 모니터링하고 개선하거나 보충할 점을 잘 찾기도 합니다. 그래서 교실 속에서 이런 아이들에 대한 피드백의 시간은 학습이 느린 아이들에게 할애된 시간보다 적은 경우가 많습니다.

학습이 빠른 학생들에게도 조언적인 피드백을 해줄 필요가 있습니다. 예를 들어 학생이 수행한 과제를 다른 방법으로 수행할 수 없을지 다양한 정답을 생각해보도록 하거나 '만약 이런 경우라면'과 같이 상황을 변경하여 사고를 확장하여 생각하는 질문을 던지는 것이 가능합니다. 이런 피드백은 교사가 본인의 학습 과제에 대해 깊이 관심을 가지고 파악하고 있다고 느끼게 만들며 현재 학습에 만족하지 않고 스스로 도전적인 과제에 도전해봄으로써 학습 과제를 더욱 깊이 생각해보는 기회를 가질 수 있게 합니다.

교실 속 학생들의 학습 이해도 확인하기

학생들에게 적절한 피드백을 주기 위해서는 교사가 학생들의 현재 학습 이해도를 정확하게 이해하는 것이 우선되어야 합니다. 교실 속에서 학생들의 학습 이해도를 확인하는 방법 몇 가지를 나누어보려고 합니다.

❶ 손가락으로 이해도 표시하기

이 방법은 반 전체의 이해도를 확인할 때 사용합니다. 손을 쭉 펴서 10을 만들고 지금 하는 내용이 완벽하게 잘 이해되었다고 생각하면 10, 그리고 하나도 모르겠다고 생각하면 0과 같이 손가락으로 0부터 10까지의 숫자로 이해도를 표시하라고 이야기합니다. 그러면 학생들은 자기 가슴 앞에 손가락을 펴서 알려주는데 이때 교사는 이해도가 5아래로 표시된 아이들을 쭉 살펴보는 것입니다. 이후 개별 활동을 하는 시간에 이해도가 낮았던 아이들의 옆으로 가서 다시 한 번 이야기해주거나, 반 전체의 이해도가 높지 않다고 생각하면 다시 한 번 설명을 해주면 좋습니다. 교사가 단지 눈으로 보거나 아이들이 대답하는 것을 보고 파악하는 것보다 학생 스스로 본인의 이해 정도를 표시하게 하여 파악하는 것입니다.

❷ 도움이 필요한 학생과 기호 약속하기

학습이 느리거나 어려움을 겪는 아이들과는 따로 도움 약속을 정할 수도 있습니다. 물론 '선생님, 저는 모르겠어요'라고 적극적으로 도움을 요청하는 아이에게는 따로 이런 약속을 정할 필요가 없습니다. 그러나 어느 순간이 되면 아이들은 몰라도 묻지 않고 모른다는 것을 부끄럽다고 생각하는 경우도 있습니다. 따라서 다른 학생들 모르게 조용히 그 학생과 교사만의 약속을 정하는 것입니다. 가령, 필통을 만진다거나 코를 만지는 것과 같은 암호를 통해서 본인의 어려움을 표현하고 도움을 구하는 것도 가능합니다. 이런 비밀 암호를 통해 교사에게 좀 더 편하게 학습 도움을 요청할 수 있습니다.

❸ 출구 패스

학생들이 수업을 마칠 때 수업의 이해도를 확인하는 질문이나 미션을 주고 통과된 경우 수업을 마치도록 하는 방법입니다. 예를 들면 온라인 수업의 경우 사회 수업을 마치고 나서 오늘 배웠던 단어 중 가장 중요한 단어 몇 개를 제시하고 이 단어를 사용하여 학습 내용을 간략하게 요약해보는 미션을 제시합니다. 그다음 답을 채팅으로 보내거나 혹은 개인별 화이트보드를 통해 확인하도록 합니다. 이때, 학생들이 쓴 답을 통해 수업의 내용을 이해했는지 확인할 수 있습니다.

　우선, 수업 시간에 학습한 중요 단어를 5-6개 정도 정합니다. 교사가 정해주기도 하고 학생들과 이야기를 나누어 도출해도 좋습니다. 이때, 학업의 속도가 빠르거나 이해도가 높은 친구들의 이야기를 통해 나머지 친구들 또한 교과서 속의 내용과 선생님 설명을 통해 자주 들었던 단어들을 다시 한 번 정리할 수 있습니다. 교사는 학생들이 마인드맵으로 정리한 내용을 보고 수업에 대한 학생의 학습 이해도를 파악할 수 있습니다.

출구패스 전략 예시

❹ 질문 만들기

수업이 끝날 때 쯤 짝 또는 모둠과 함께 오늘 배운 내용으로 질문을 만들고 답하는 활동을 통해 학생의 학습 이해도를 확인할 수도 있습니다. 동료를 활용한 피드백을 통해 학습의 속도 차이가 있는 아이들끼리 자연스레 또래 가르치기로 넘어가기도 하고 현재 같은 학습 활동을 하고 있는 아이들이다 보니 그들의 눈높이에 맞는 의미 있는 도움을 주고받는 것도 가능합니다. 이 시간 교사는 교실을 돌아다니며 유독 질문을 만들거나 대답하기 힘들어하는 학생을 파악할 수 있습니다.

그림책의 힘! 그림책과 함께 성장하기

아이의 마음을 어루만지는 그림책

아이들은 이야기 듣는 것을 참 좋아합니다. 특히, 수업 중 선생님이 해주시는 사소한 이야기도 잘 기억했다가 집에 가서 이야기를 전달하기도 하고 수업의 이해를 돕기 위해 만든 예시 이야기를 더 재미있게 듣기도 합니다.

교실 속에서 학생들과 함께 그림책을 읽어보신 적이 있으신가요? 선생님이 읽어주는 그림책을 들을 때 아이들의 반짝반짝 집중하는 눈은 참 예쁩니다. 수업 내용은 흥미도 없고 어려워하는데 그림책을 통한 이야기 수업은 항상 인기가 있습니다. 저학년 아이들뿐만 아니라 말끝마다 '시시해요'를 달고 사는 고학년 아이들에게도 그림책을 읽어주는 활동은 항상 인기가 있습니다.

아이들은 왜 그림책 수업을 좋아할까요? 긴 이야기를 품고 있는 것도 아니고 그렇다고 세세한 설명이나 묘사가 되어 있는 것도 아닌데 짧은 그림과 글만으로도 아이들의 마음을 사로잡는 매력은 무엇일까요? 그림이 예뻐서일 수도 있고, 짧고 유쾌한 이야기가 재미있어서일 수도 있지만 선생님이 책을 읽어주는 그 시간을 아이들이 포근하고 따뜻하게 느껴서 좋아하기도 합니다.

그런 의미에서 '그림책'은 코로나19로 심리적인 우울이나 사회적인 관계 형성 부분에 어려움을 느끼는 아이들을 따뜻하게 보듬어 줄 수 있는 하나의 처방전이 될 수 있습니다. 코로나19로 인한 학습 격차는 눈에 보이는 학습의 어려움뿐만 아니라 정서적, 사회적인 결손의 회복 또한 포함하고 있습니다. 실제로 독서심리치료 프로그램에서도 그림책을 활용하는 경우가 많습니다. 내 이야기를 꺼내기 어려운 아이들도 그림책을 통해 자연스레 이야기를 꺼낼 수 있고 그림책을 통해 '나뿐만 아니라 다른 친구들도 이런 경험이 있구나'하는 공감과 위로를 얻을 수 있습니다.

공감과 위로의 그림책 읽기

그림책이 아이의 마음에 닿을 수 있는 이유는 그림책 속의 이야기가 아이의 삶과 닮아있기 때문입니다. 그림책의 소재는 아이들이 경험했을 만한 생활 속 이야기들로부터 가지고 오는 경우가 많습니다. 또한 같은 장면인데도 보는 사람에 따라 내가 경험한 것, 내가 알고 있는 것을 투영하여 그림책을 읽게 됩니다. 즉, 그림책을 통해 결국 아이들은 나를 만나고 나의 이야기를 꺼낼 수 있습니다.

아이들과 함께 교실에서 그림책을 읽다 보면 같은 책의 장면을 보고도 아이들이 경험한 내용이 다르기 때문에 서로 다른 반응을 보이기도 합니다. 반대로 비슷한 경험을 한 아이들은 그 아이들끼리 공감대가 형성되기도 합니다. 예를 들어, 저학년 아이들과 함께 『난 토마토 절대 안

먹어』그림책을 읽다 보면 아이들은 본인이 정말 싫어하는 음식을 이야기하느라 바쁩니다. 한 아이가 "난 고사리가 너무 싫어"라고 이야기하면 다른 아이들은 "왜? 엄청 맛있는데, 난 잘 먹어"라고 말하기도 하고 또 다른 아이들은 "고사리는 정말 이상한 맛이야"라며 공감을 해주기도 합니다. 아이들은 그림책의 내용보다 그림책을 통해 나와 같은 생각을 가지고 있는 친구들과 이야기하는 이 과정을 무척 즐거워합니다. 이럴 때, 교사는 아이들이 충분히 그들의 생각과 경험을 나눌 수 있도록 그림책 읽기를 잠깐 멈추기도 합니다. 아이 스스로 그림책을 나의 경험과 연결하고 또 다른 친구들과 함께 그 경험을 나눌 수 있도록 시간을 주는 것이 필요합니다.

아이들과 상담을 할 때는 『눈물 바다』그림책을 자주 활용합니다. 아이들이 공감할만한 억울하고 속상하고 힘든 상황들이 나오고 아이가 슬퍼하며 잠들었는데 훌쩍훌쩍 울기 시작한 아이의 눈물이 바다가 되는 이야기입니다. 이 그림책을 함께 읽고 난 다음 나의 눈물바다 이야기를 해보는 것입니다.

아이들과 억울하고 속상했던 경험을 함께 나누면서 아이들의 마음 깊숙한 내면의 슬픔과 아픔을 이야기할 기회를 줄 수 있습니다. 갑자기 선생님이나 다른 친구에게 다가가 '나는 지금 슬퍼' '나는 지금 힘들어'라고 이야기하기는 쉽지 않지만 그림책의 이야기를 듣고 난 다음에는 나의 감정을 이야기하는 것이 훨씬 자연스럽기 때문입니다. 아이에게는 그림책을 통해 감정을 표현할 기회를 주고, 교사는 아이의 마음을 알아차리고 보듬을 수 있는 기회를 가질 수 있습니다. 특히, 그림책 중 글자가 없고 그림만 나와 있는 장면은 아이의 생각을 투영하여 반영하기가 더 쉽습니다. 정해진 내용과 글이 없기 때문에 오직 그림을 통해 아이의 경험과 생각이 더욱 잘 표현됩니다.

박현주 작가의 『이까짓 거』 또한 교실 속에서 아이들과 함께 나누기 좋은 그림책입니다. 이 책을 함께 읽고 나면 '이까짓 거'라고 말할 수 있는 용기가 생기는 것 같습니다. 아이들도 이런 비슷한 경험들이 있고 그때의 마음을 공감하기 때문에 그림책 속의 아이가 친구를 통해 용기를 얻고 성장하는 것처럼 아이들의 마음이 성장하는 것을 느낄 수 있을 것입니다.

『슈퍼 토끼』, 『슈퍼 거북』 그림책 또한 아이들과 함께 읽고 이야기하기 좋은 그림책입니다. 토끼와 거북이의 경주라는 옛날이야기에서 모티브를 가지고 온 그림책인데, '경주'에서 이기고 지는 것에 대한 외부 사람들의 반응에 신경 쓰다가 정작 내가 좋아하는 것, 잘하는 것에 관심을 갖지 못하는 토끼와 거북이의 이야기를 그린 책입니다.

책 표지를 보면 거북이는 '빠르게 살자'라는 머리띠를, 토끼는 '뛰지 말자'라는 머리띠를 매고 있습니다. 자신의 원래 모습과는 전혀 다른 삶을 살고 있는데 결국은 스스로 행복하지 못함을 느낍니다. 아이들과 그림책을 읽은 후 공정한 경주에 대한 이야기, 실패에 대한 이야기, 진짜 나다움에 대한 이야기를 나누어 볼 수 있습니다.

함께 이야기할 수 있는 매개체

그림책은 아이들의 경험과 감정을 꺼내기 좋은 매개체이기도 하지만 어떤 주제에 대해 이야기를 할 때 좋은 동기유발 자료가 되기도 합니다. 예를 들어 어버이날 즈음 아이들과 부모님에 대한 이야기를 나누는데 강경수 작가의 『나의 엄마』라는 그림책을 읽고 난 다음 이야기를 하면 훨씬 더 구체적이고 진지한 이야기를 나눌 수 있습니다. 『나의 엄마』 그림책은 처음부터 끝까지 '엄마'라는 단어밖에 나오지 않습니다. 내가 아주 어릴 때 불렀던 엄마부터 어느 정도 큰 이후에 나타나는 엄마, 마지막에 엄마가 아프고 병드셨을 때 간절하게 부르는 엄마의 모습을 '엄마'라는 글씨체와 글씨의 크기, 단어의 나열만 가지고 표현합니다. 그런데 그 글자만 보고도 어떤 아이들은 슬프다며 울기도 합니다. 이야기를 나눌 때 적절한 그림책 한 권으로 시작하는 것이 주제에 대한 동기유발을 하기에도 좋습니다.

또한, 교실에서 아이들이 어렵게 생각하는 '인권'이나 '환경' '전쟁'에 대한 이야기를 시작할 때도 그림책을 활용할 수 있습니다. 어려운 이야기일수록 쉽고 아이들이 공감할 수 있는 이야기로 시작해야 하는데 그 방법으로 그림책을 사용하는 것입니다. 『거짓말 같은 이야기』와 『내가 라면을 먹을 때』 그림책은 또래 아이들의 이야기가 나오는데, 지금 나의 학교생활 그리고 다른 나라의 아이들의 생활을 비교해볼 수 있는 장면이 많이 나옵니다. 내가 라면을 먹고 있는 이 평범한 순간에도 다른 나라에서는 슬프고 거짓말 같은 일들이 일어난다는 메시지를 보고 들으면서 어려운 뉴스나 딱딱한 글보다도 더 쉽게 사회를 이해할 수 있습니다. 아이들은 '왜 이런 일이 일어날까?'와 같은 궁금증을 가져볼 수 있고, 책을 읽은 뒤 그림책 속의 아이가 되어 생각해보는 활동, 그림책 속의 아이에게는 무엇이 필요할까와 같은 이야기를 하는 것이 가능합니다. 무겁고 어려운 이야기를 풀어나가는데도 그림책을 활용하면 좋습니다.

마음껏 상상할 수 있는 그림책

학생들이 그림책을 좋아하는 이유 중 하나는 그림책 안에서는 현실 속에서 불가능한 일도 무엇이든 상상할 수 있다는 것입니다. 아이들에게는 무서운 존재인 호랑이가 어수룩하게 당하는 이야기나 마시멜로우의 마을 이야기를 들으면 금방 그 이야기 속으로 빠져들어 버립니다. 어른들보다 훨씬 쉽게 상상의 세계에 들어갈 수 있기 때문에 바로 옆에 호랑이가 있는 것처럼 혹은 내가 지금 마시멜로우 마을에 있는 것처럼 생각하는 힘이 생깁니다.

아이들은 그림책을 통해 마음대로 상상함으로써 기쁨을 느끼고, 큰 에너지를 얻습니다. 현실 속에서 아이들이 겪었던 크고 작은 실패와 좌절도 그림책과 함께 상상 여행을 하다보면 별것이 아닌 것처럼 느껴지기도 하고 충분히 다시 할 수 있을 것 같은 힘을 얻기도 합니다.

또, 그림책 속에는 작가들이 주는 작은 단서들이 놓여 있는 경우가 있습니다. 그 단서를 찾아 보이지 않는 내용까지 상상하는 힘이 아이의 마음을 성장시킨다고 할 수 있습니다. 이지은 작가님의 『팥빙수의 전설』을 아이들과 함께 읽은 후, 정말 팥빙수가 이런 이유로 생겨났을 리 없는데도 불구하고 아이들은 고개를 끄덕이며 '그래, 이렇게 팥빙수가 생겨났을 수도 있겠다'라며 이야기에 푹 빠져서 팥빙수의 유래를 생각해 보기도 합니다.

이렇게 상상 속 이야기를 하다 보면 정말 엉뚱하고 황당한 이야기까지 이어지기도 하는데, 이럴 때 선생님께서는 '실제 가능한 일인지 아닌지'와 상관없이 모두 수용해서 들어주시면 좋습니다. 특별히 폭력적인 이야기거나 남을 비방하는 이야기가 아니라면 누가 더 황당한 이야기를 하는지 모두 경청하셔도 됩니다. 한바탕 상상 놀이가 끝나고 나면 개운하다는 듯이 또 현실로 돌아옵니다.

어떤 그림책을 읽어줄까?

교실 속에서 아이와 함께 그림책을 읽고 싶은데 어떤 그림책을 읽어야 할지 몰라 고민하는 선생님들 많으시죠. 아이들과 이야기를 나누고 싶어 바쁜 교과 시간 중 짬을 내어 그림책을 읽어주었는데 아이들에게 별로 감흥이 없기도 하고 공감을 이끌어내지 못할까봐 싶은 마음도 있습니다. 그렇지만 어떤 그림책이라도 아이들에게는 실패할 확률이 줄글보다 적습니다. 그리고 줄거리가 와닿지 않았더라도 그 순간의 선생님의 음성과 분위기를 따뜻하게 기억할 것입니다. 그러니 너무 걱정마시고 선생님께서 재미있게 읽었던 한 권부터 편하게 아이들과 나누어 보았으면 좋겠습니다.

그림책을 선택하는 방법으로는 출판사 사이트나 온라인 서점을 활용할 수 있습니다. 새로 나오는 도서를 바로 알 수 있는 점이 좋습니다. 온라인 서점에서는 미리 칼데콧, 볼로냐, 뉴베리 등 상을 받은 책을 중심으로 미리보기로 내용을 살펴보고 학교 도서관에 있는지 확인해본 후 수업 중에 활용할 수 있습니다. 온라인 서점에서 그림책을 검색한 후 많이 보이는 출판사, 작가의 작품을 모아서 살펴보는 것도 하나의 방법입니다. 또 하나의 방법은 '그림책 박물관' 사이트가 있습니다. 작가별, 출판사별, 주제별, 연령별 그림책이 정리되어 있고 수상작끼리 모아놓은 카테고리도 있습니다. 이야기꽃 출판사(http://iyagikot.com)에서는 작가가 읽어주는 그림책 영상이 있습니다. 선생님께서 읽어주는 그림책도 좋지만 가끔은 그 책을 지은 작가가 읽어주는 그림책을 듣는 것도 좋은 경험이 됩니다.

아이의 문해력을 깨우는 그림책

그림책은 아이의 정서적인 부분을 다독일 수 있는 훌륭한 매체이기도 하지만 교실 속 학습의 격차를 줄이고 함께 성장을 도울 수 있는 매체이기도 합니다. 학습 격차를 줄이기 위한 노력 중 하나로 문해력에 대한 이야기를 합니다. 수업 시간에 아이가 교과서를 이해하지 못하고 선생님의 말을 이해하지 못한다면 아이가 아무리 열심히 하려는 하는 의지가 있어도 학습에 어려움이 있을 수밖에 없습니다.

문해력을 향상시키기 위한 방법으로 그림책을 교실에서 활용할 수 있습니다. 그림책은 교과서 또는 일반 줄글 책보다 분량이 짧고 아이들의 흥미도가 높다는 점에서 접근이 쉬울뿐더러 그림책을 활용하여 아이들이 글을 읽고, 쓰는 활동에 익숙해지도록 할 수 있습니다.

그림책으로 읽기 지도하기

짐 트렐리즈의 『하루 15분 책 읽어주기의 힘』이라는 책에서는 '학업 성취도의 격차를 줄이는 방법은 단어의 격차를 해소하는 데에 달려있으며 그 단어의 격차는 책을 골라 읽어주는 것부터 시작한다'고 이야기합니다. 왜냐하면 대부분의 아동 도서가 교실과 가정에서 이루어지는 평범한 대화보다 훨씬 많은 어휘를 담고 있기 때문입니다. 그렇다면 그림책을 아이들과 어떻게 읽으면 좋을까요?

그림책을 읽을 때 가장 먼저 표지, 출판사, 작가에 대해서 아이들과 함께 살펴봅니다. 그림책의 표지와 제목을 함께 보면서 어떤 일이 일어날 것 같은지 내용을 추측하는 과정을 먼저 거치는 것입니다. 추측한 이후에 책을 읽으면 본인이 유추한 내용이 맞는지 비교해가며 더욱 적극적으로 읽을 수 있습니다. 작가의 책 중에 우리가 함께 읽었던 책이 있었는지 이야기해보고 이 출판사에서 나온 책 중에 우리가 읽어보았던 것이 무엇인지도 함께 이야기해보는 것입니다. 굳이 작가와 출판사에 대해 살펴보고 이야기를 하는 이유는 아이들도 책을 읽다 보면 좋아하는 스타일의 이야기가 있고 좋아하는 그림체가 있기 때문입니다. 작가와 출판사를 알고 책을 읽다 보면 내가 좋아하는 작가, 출판사가 생기기 마련이고 이는 아이가 스스로 그림책을 고르고 읽을 때에도 도움이 됩니다.

그 이후 첫 장을 넘겼을 때 나오는 면지와 뒷 표지의 면지도 살펴봅니다. 보통은 간략한 그림으로 표현되는 경우가 많지만 책 면지를 통해서도 작가가 표현하고자 하는 바가 있음을 알 수 있습니다. 예를 들어 앞에서 상담 때 자주 사용 한다고 이야기했던 『눈물 바다』그림책의 앞

과 뒤의 면지에서 달라진 부분을 찾는 것과 같은 활동을 통해 그림책의
내용을 유추할 수 있습니다.

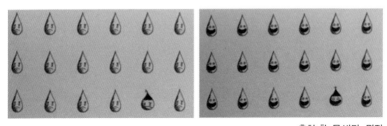

출처: 『눈물 바다』 면지

한 연구에 따르면 듣는 능력이 읽는 능력과 같아지는 것은 약 14세
쯤이라고 합니다. 읽는 것보다는 듣는 것이 내용을 이해하기 더 수월하
기 때문에 처음 그림책을 읽을 때에는 선생님의 목소리로 읽어주는 것
이 좋습니다. 글을 잘 읽고 이해하지 못하는 아이들이라도 듣고, 그림을
보면서 이해하는 것은 어렵지 않게 할 수 있습니다.

또 한 편으로 생각해보면 읽는 능력이 듣는 능력보다 늦게 발달하니
'소리 내어 읽는 것'을 꾸준히 연습하는 것이 필요하다는 의미가 되기도
합니다. 실제로 아이들은 이야기를 듣는 것은 익숙하지만 막상 스스로
읽고 이해하는 것은 어려워하기 때문입니다. 그래서 교실에서는 글의
내용을 이해하기 어려워하는 아이들에게 그림책을 또박또박 소리 내어
읽는 훈련을 시킵니다. 처음에 그림책을 접하는 그 순간은 선생님의 목
소리로 들려주시고 아이들이 내용을 듣고 난 이후에 읽기 훈련을 위한
소리 내어 읽기로 넘어가면 좋습니다.

소리 내어 읽기는 개인별로 읽도록 할 수도 있지만 짝과 함께 한 쪽

씩 번갈아가며 읽기 혹은 모둠 친구들끼리 돌아가며 '이야기꾼'을 정해 실감나게 읽어주도록 하는 것도 가능합니다. 아이가 그림책을 통하여 글을 읽는 것에 대한 즐거움을 느낀 이후에 아이 스스로 읽기 훈련을 시키는 것입니다.

그림책을 읽고 난 이후에 짝과 함께 질문하는 활동도 할 수 있습니다. 질문을 통하여 책의 내용을 내 경험과 연결시킬 수도 있고 책의 내용을 좀 더 깊게 이해하도록 도울 수 있습니다. 그런데 아이들에게 질문을 짝과 함께 만들어서 해 보라고 하면 생각보다 많은 아이들이 어려워하고 어떻게 질문을 해야 하는지 몰라 당황하기도 합니다. 그래서 저는 아이들에게 질문을 만들 때 '만약, 왜, 너' 이 세 단어로 시작하는 질문을 만들어보라고 이야기합니다.

예를 들어 '만약'으로 시작하는 질문의 경우 책 속에 나와 있는 상황을 '나'에게 적용하는 질문이 가능합니다. '만약 나라면', '만약 그런 일이 우리 마을에 생긴다면'과 같은 질문을 하는 것이지요. '왜' 질문의 경우 책을 읽으면서 가졌던 궁금증을 물어볼 수 있습니다. '왜 작가는 수박을 보고 수영장으로 만들 생각을 했을까?', '왜 주인공은 피아노가 치고 싶었을까?'와 같은 질문입니다. 왜라는 질문을 통해 작가의 표현 의도, 주인공의 속마음을 짐작해보는 것입니다. 마지막으로 '너'로 시작하는 질문은 '너는 어떻게 생각하니?' '너는 어떤 장면이 가장 기억에 남았니?'와 같이 내가 궁금했던 부분에 대한 친구의 생각을 듣는 질문입니다.

아이들이 만드는 질문 중 옳은 질문 또는 옳지 않은 질문이란 없습니다. 무슨 질문이든지 상관없지만 되도록 닫힌 질문이 아닌 열린 질문으로 친구와 생각을 주고받고 책의 내용에 대해 좀 더 이야기를 나눌 수 있도록 이 세 가지 단어를 활용하여 질문 만들기를 합니다.

아이들과 교실에서 함께 그림책을 읽으며 같은 책에 대해 서로의 생각을 공유하는 활동 자체만으로도 학급 공동체 안에서는 큰 힘이 있습니다. 모두 함께 같은 책을 읽었던 경험으로 대화할 수 있는 것들이 훨씬 풍부해졌으니까요. 선생님이 조금씩 읽어주었던 그림책의 불씨가 어느 순간 아이에게도 옮겨 붙어 스스로 그림책을 찾아 읽고 친구와 함께 이야기를 나눈다면 얼마나 예쁠까요?

그림책으로 쓰기 지도하기

그림책 속에는 재미있고 생생한 표현이 참 많습니다. 짧은 분량 속에 더 효과적으로 표현하기 위해 단어들을 고르고 골라 만든 책이기 때문입니다. 교실 속에서 아이들과 함께 그림책을 활용한 쓰기 활동 몇 가지를 안내하려고 합니다.

첫째, 그림책에 나온 재미있는 표현을 변형하여 나만의 표현으로 만들 수 있습니다. 아이들과 최근 읽었던 책 중에 재미있는 표현이 특히 기억에 남는 책이 있어 소개드립니다. 『고구마구마』라는 책입니다. 다양한 고구마의 모습이 나오는 그림책인데 끝말이 모두 '길쭉하구마' '크구마'와 같이 '~구마'로 끝나는 재미있는 말놀이 책입니다. 아이들과 이 책을 읽고 나서 '~구마'로 끝나는 말놀이를 이어서 해 보았습니다. 처음에는 말로 내뱉어보고 내가 해 본 말 중에 재미있는 '~구마'를 그림과 함께 만들어 각자 그림책의 한 쪽을 만들었습니다.

〈고구마구마〉 독후 활동 예시

　아이들이 '고구마구마'를 읽고 자신들만의 '고구마구마' 책을 만들었습니다. 이 책은 말놀이하기 딱 좋은 책인데 하나 더 소개하면 『내 마음 ㅅㅅㅎ』라는 책입니다. 초성퀴즈처럼 'ㅅㅅㅎ'에 맞는 단어들을 모아 그 단어만으로 흐름이 어색하지 않은 이야기를 만든 책입니다. 아이들과 책을 읽고 난 이후에 'ㅅㅅㅎ'로 시작되는 단어가 책에 나온 단어 이외에 무엇이 있을까를 찾아보았습니다.

〈내 마음 ㅅㅅㅎ〉 독후 활동 예시

말놀이하기 좋은 그림책을 활용하여 아이들이 그 속의 표현을 변형하여 표현하는 방법도 있지만 일반적인 그림책 속에서도 마음에 드는 표현을 찾아 활용하는 것이 충분히 가능합니다. 특히 저학년의 경우, 긴 글을 쓰는 것은 어렵지만 책 속 재미있는 표현 하나를 그대로 활용하여 문장을 만들어 보는 활동으로 쓰기 연습을 하는 것이 가능합니다.

두 번째 방법은 그림책에 나온 주제를 활용하여 나의 상황에 적용하는 글을 쓰는 활동입니다. 예를 들면 『엄마 자판기』라는 그림책을 읽고 '만약 나에게 마음대로 뽑을 수 있는 엄마 자판기가 있다면 그 속에 어떤 엄마를 둘 것인가요?'와 같은 주제를 활용하여 내 상황에 적용하여 글을 써 볼 수 있습니다.

또, 『알사탕』이라는 그림책을 읽고는 '만약 나에게 마음을 들을 수 있는 4개의 알사탕이 생긴다면 누구의 마음을 듣고 싶나요?'와 같이 그림책 내용을 나에게 적용하는 글쓰기를 할 수 있습니다.

　마지막으로 새롭게 그림책을 창작하는 활동을 통해 아이들의 상상력을 글쓰기로 연결하여 표현하는 것도 가능합니다. 예를 들어 하나의 그림책을 읽었다면 그 그림책과 비슷한 다른 이야기를 만들어 볼 수 있는 것입니다. 『수박 수영장』을 읽고 나만의 수박 수영장 책을 만들어 볼 수도 있고 『팥빙수의 전설』을 읽고 나서 나는 '햄버거의 전설'을 이야기로 만들어 볼 수도 있습니다. 그림책의 내용과 주제를 바탕으로 나만의 상상력을 더해 새로운 책을 만드는 활동으로 글쓰기 활동이 가능합니다.

　이렇게 그림책을 활용하여 나의 글쓰기로 연결하는 활동을 하는 동안 아이들에게 그림책은 하나의 교재가 됩니다. 작가가 장면을 어떻게 표현했는지, 어떤 단어를 사용했는지를 살펴보며 단어의 뜻을 알고 또 스스로 활용할 수 있습니다. 그림책은 나이나 현재 학업 성취 능력과 상관없이 누구나 즐겁게 읽고 즐길 수 있습니다. 교실 속의 학습과 정서적인 격차를 줄이기 위한 첫 단계를 그림책과 함께 시작해 보면 어떨까요.

CHAPTER 3

저학년 교실 속
**학습 격차
예방하기**

01 어휘 발달의 시작, 한글교육

초등 1학년 한글교육의 고민, 출발점이 달라요

1~2학년에서 강조되는 것 중 하나가 바로 '한글책임교육'입니다. 그래서 2015 개정 교육과정 국어 교과서의 한글 교육시간은 1학년 1학기 51차시, 2학기 6차시, 2학년 1학기 8차시, 2학기 3차시, 총 68차시로 계획되어 있습니다.

학년	1학기	2학기
1학년	51시간 (자음, 모음, 글자 만들기, 기본 받침, 낱말 읽기)	6시간 (쌍받침, 겹받침)
2학년	8시간 (소리가 비슷한 낱말, 연음 규칙)	3시간 (쌍받침, 겹받침, 연음 규칙)

51차시로 가장 많은 시간이 계획되어 있는 1학년 1학기는 한글 해득을 위한 중요한 시기라고 할 수 있습니다. 한글 해득은 모든 학습의 기본이 됩니다. 여기에서 말하는 '한글 해득'은 '글자를 소리 내어 읽을 수 있는 수준'으로 한정하여 이야기하겠습니다.

먼저 아이들이 한글 해득이 되어야 그 의미 이해로도 넘어갈 수 있습니다. 한글 해득 결손이 누적되면 국어는 물론 다른 교과에서의 학습도 어렵기 때문에 교사들에게는 결손이 쌓이기 전에 즉시 도와야 하고 더 꼼꼼하게 챙겨야 한다는 부담감이 있기도 합니다. 코로나19가 장기화되면서 각 학교에는 한글 해득을 어려워하는 학생이 많아졌다고 합니다. 대면수업이 줄어들었을 때도 어려워하였지만 1~2학년 전면 등교가 되어서도 여전히 어려워하는 이유는 무엇일까요?

한글 해득을 위해서는 자음, 모음의 소리를 식별하고 정확한 발음을 알기 위해 입모양을 보는 것이 중요합니다. 그런데 지금은 마스크를 쓰고 있어서 서로의 입을 볼 수 없는 어려움이 있습니다. 정확히 들리지 않는 경우도 있습니다. 또 방역 지침에 제한되는 활동이 많아 상호작용할 기회가 줄어들었고, 심리적인 이유, 환경적 원인 등 여러 가지 이유로 어려움이 더욱 많아졌습니다.

틀려도 괜찮아요!

그렇다면 한글 해득을 위해 교사들이 신경 써야 하는 부분은 무엇일까요?

제일 먼저 해야 하는 것은 아이들에게 '한글 배우는 것이 어렵지 않다, 배울만하다, 재미있다, 신기하다'라는 생각을 하게 하는 것입니다. 한글 교육에서 선생님들이 가장 어렵다고 느끼는 부분 중 하나가 학생들의 출발점이 다르다는 것일 겁니다. 교과서에서는 ㄱㄴㄷ '자음자 알기', '모음자 알기'부터 시작하는데 벌써 그림책을 능숙하게 읽는 아이, 편지를 써 오는 아이, 딱 이름만 쓰는 아이, 아예 ㄱㄴ도 모르는 아이 등 다양한 상황의 아이들이 존재합니다.

학생들은 저마다 발달 정도도 다르고 노출되는 언어 환경이나 교육 배경도 다릅니다. 차이는 여기서부터 시작입니다. 학급마다 상황이 다르겠지만, 한글을 배우지 않고 입학하거나 조금 느린 아이들은 시작부터 '나만 잘 못해.'라는 마음으로 시작할 수 있습니다. 혹시 조금이라도 글씨를 쓰는 상황이 생기면 "전 잘 모른단 말이에요"하며 힘들어 합니다. 그래서 조금 읽을 줄 아는 아이들이나 그렇지 않은 아이들 모두에게 차근차근 시작하는 것이 중요하다는 것을 강조하면 좋습니다.

저학년 선생님들이 학기 초에 많이 활용하는 『틀려도 괜찮아』 같은 그림책을 읽어주며 이야기해도 좋습니다.

"선생님이 1학년 입학한 여러분을 위해 책 한 권을 준비했어요."라고 말하며 시작합니다.

"우리 교실에서는 틀려도 괜찮아요. 학교는 모르는 것을 배우기 위해 오는 거예요. 틀리면서 정답을 찾아가는 과정이 더 중요해요. 선생님은 여러분을 도와주기 위해 있어요!"라고 말해줄 수 있습니다.

아이들도 어느새 선생님의 말을 따라합니다.
"친구들아 괜찮아, 모를 수도 있지."

실생활과 관련지어 생각해요

다른 교과 내용과 마찬가지로 한글을 배울 때도 실생활과 관련되고, 배운 것이 실제 사용되는 상황을 접하게 될 때 학습동기는 높아집니다. 한글은 당연히 우리 주변에서 쉽게 찾아볼 수 있습니다. 그래서 모음자, 자음자를 배우는 초기 단계에서는 주변을 관찰하고 내가 본 모음자, 자음자를 말하는 활동을 할 수도 있습니다.

1학년 아이들의 발표력을 기르기 위해 줄 발표를 하기도 합니다. 줄 발표는 한 명씩 차례로 일어나 하루에 한 문장만 말하는 것입니다. '저는 ○○○입니다' 이름 말하기부터 '저는 ○○○을 좋아합니다' 등 주제를 바꿔가며 말하도록 합니다. 예를 들어 자음자를 배우고 '우리 주변에서 볼 수 있는 자음자를 찾아보세요' 라고 주제를 주면 '저는 약국에 갔을 때 ㅇ과 ㄱ을 봤어요. 저는 ㅊ과 ㅋ을 봤어요!'라고 아이들은 대답합니다. 이렇게 친구들 발표를 들으면서 새로운 것을 발견하기도 합니다. 또 친구들처럼 말하고 싶어서 주변을 더 관찰하게 되고 한글에 대한 흥미도 높일 수 있습니다.

줄 발표라고 해서 꼭 일어나서 하지 않아도 됩니다. 하루를 시작하는 여는 시간으로 둥글게 앉아서 말할 수도 있고, 익숙해지면 모둠 친구들과 말하기, 친구가 말한 것을 퀴즈로 내어 맞추기도 할 수 있습니다.

또, 다른 교과 시간이나 동아리 활동과 연계해서 써보는 상황을 만들 수도 있습니다. 예를 들어 종이접기의 기본인 '대문 접기'를 할 때 종이 접기를 해보고 끝나는 것이 아니라 그 안에 한마디를 써서 친구에게 선물로 주는 활동을 더 할 수도 있습니다.

"우리가 처음으로 종이 접기를 해봤는데 우리의 첫 작품을 친구들에게

선물하면 어떨까요? 그냥 주는 것보다 우리가 한글 박사님이 되어가고

있으니까 친구들에게 편지도 한번 써보기로 해요."

친구들에게 미리 어떤 말을 써 주면 좋을지, 듣고 싶은 말을 발표하며 예시로 칠판에 써보는 활동을 하는 것이 좋습니다. 그냥 써보자고 하면 뭐라고 써야 하는지 모르는 경우가 많습니다. '고마워 ○○이가'와 같이 간단한 말을 쓰면서도 자연스럽게 어려운 모음(ㅝ)을 쓸 수도 있고, 친구가 좋아하는 것을 보며 뿌듯함을 느낄 수 있습니다. 단, 주의할 점은 좋아하는 친구에게 주라고 하면 못 받는 아이가 생길 수 있기 때문에 짝이나 모둠원에게 주도록 대상을 정해줄 필요도 있습니다.

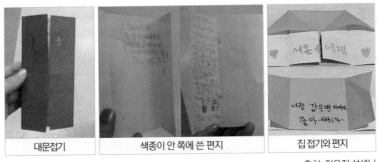

| 대문접기 | 색종이 안 쪽에 쓴 편지 | 집 접기와 편지 |

출처: 정유진 선생님

가정에서도 책과 만나는 시간을 만들어줄 수 있습니다. 책 한 권을 소리 내어 읽고, 읽은 책 제목 써오기 과제를 내주는 것입니다. 가정에서 도움을 줄 수 있는 상황이라면, 부모님 앞에서 읽을 때 특별히 격려

를 많이 해주면 좋다고 안내합니다. 또, 읽은 책 제목을 쓰면 자연스럽게 쓰기 연습이 됩니다.

이처럼 실생활과 관련지어 한글을 읽거나 쓰는 상황을 제시하는 것이 필요합니다. 그런데 아이들 스스로도 한글을 어느 정도 쓰게 되면 스스로 상황을 만들어 내기도 합니다. 특히 1학년은 종이접기를 하거나 편지를 써서 주는 것을 좋아합니다. 서로 편지를 쓰며 쓰기 공부가 되기도 하고 바둑알로 놀면서도 글자를 만들어 내기도 합니다. 때로는 아이들이 서로에게 좋은 선생님이 되기 때문에 다양한 놀이 시간을 지원해 주는 것도 중요합니다.

출처: 정유진 선생님

사소한 부분, 더 꼼꼼히 챙겨요

코로나19가 시작되면서 아이들의 수업 태도가 좋지 않아졌다는 이야기를 많이 듣습니다. 수업에 잘 집중하지 못한다는 의미이기도 하고 말 그대로 앉아 있는 자세인 수업 태도를 의미하기도 할 것입니다.

바른 자세, 바른 연필 잡기

아이들의 자세가 좋지 않은 이유는 아무래도 바르게 앉을 기회가 많지 않아서일 것입니다. 1학년 국어 1학기 1단원부터 나오는 '바른 자세', '바른 연필 잡기', '필순에 맞춰 쓰기'는 1년 동안 강조해도 부족함이 없습니다. 그래서 지속적으로 강조하고, 칭찬하고, 격려할 필요가 있습니다.

아이들의 바른 자세를 독려하기 위해 '누가 예쁘게 앉았나 볼까요?' 라고 말만 해도 많은 아이들이 바르게 앉습니다. 살짝 다가가서 작은 목소리로 '자세가 정말 좋다!' 칭찬해주는 것만으로도 아이들은 더 잘하려고 노력합니다.

반면에 연필을 바르게 잡고 바르게 쓰는 것은 눈과 손의 협응력, 손안 조작, 소근육 힘 등의 통합된 능력이 필요한 것이라 쉽지는 않습니다. 한번 굳어진 것을 바꾸기는 더 어렵습니다. 그래서 1학년 적응 기간에 선 긋기, 선 그리기, 도형 그리기 등을 할 때부터 크레파스, 색연필도 바르게 잡는 연습을 해야 합니다. 이후 자음자, 모음자를 배워 연필로 쓸 때도 바르게 잡고, 바른 순서로 쓰는 연습을 하도록 해서 습관이 되도록 도와야 합니다.

아이들이 연필로 글자를 쓸 때 필순에 오류가 있는 경우도 많습니다. 특히 ㄷㄹㅁㅂ은 빨리 쓰고 싶어 한 번에 쓰는 경우도 많습니다. 빨리 편하게 쓰려고 순서를 알면서도 필순에 맞지 않게 쓰는 경우도 있지만 습관이 잘못된 경우도 있습니다. 모음을 쓸 때 아래에서 위로 긋거나 ㅓ 같은 경우 오른쪽 획을 먼저 쓰는 경우도 있습니다. 그래서 색깔을 달리해서 써보기, 허공에 대고 손가락으로 써보기, 칠판에 나와 써보기, 연필로 써보기 등 다양한 방법으로 지도해 줍니다. 그리고 쓰기 연습할 때는 ㄱ부터 ㅎ까지 아이들 수준에 따라 시간을 달리하여 진행할 필요가 있습니다. 기본 습관을 잡아주기 위해서는 교사의 끊임없는 인내가 필요합니다.

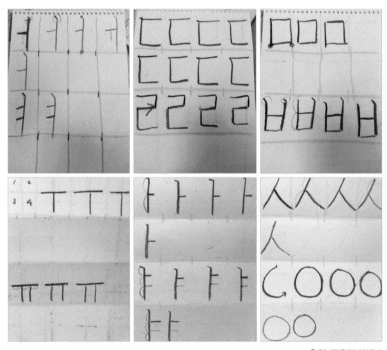

출처: 정유진 선생님

학급 상황에 따라 다르지만 보통 ㅒ, ㅖ, ㅚ, ㅟ, ㅘ, ㅝ, ㅙ와 같은 '여러 가지 모음자 알기, 받침이 있는 글자 읽고 쓰기, 정확하게 발음하기'를 어려워하는 아이들이 많습니다. 이 단계에서는 충분한 연습이 되지 않으면 학습결손이 될 수 있기 때문에 아이들의 상황을 정확하게 파악하는 것이 필요합니다. 이를 위해서 교과서와 '한글 한마당' 또는 '찬찬한글'을 병행하여 가르칠 수도 있습니다.

한글 한마당과 찬찬한글은 기초학력지원 사이트 '꾸꾸'에서 학생용 교재와 교사용 지도서를 다운받을 수 있습니다.

먼저 '한글 한마당'은 교과서와 함께 사용할 수 있는 한글 보충 교재로 제작되었습니다. 한글 한마당에서는 소리 구별하기(음운 인식)부터 낱말 읽기(해독), 글자 쓰기, 낱말 익히기(어휘력), 자신 있게 읽기(유창성)의 내용으로 구성되어서 필요한 단계에 활용할 수 있습니다. 자음자와 모음자를 처음 배울 때, 어떤 소리가 나는지 입 모양과 발음을 알고 소리를 구별하는 것이 중요합니다. 그런데 마스크를 꼭 써야하는 생활이 지속되면서 아이들은 선생님과 친구들이 발음하는 입을 볼 수 없게 되었고, 정확한 발음이나 소리 구별을 어려워하는 아이들도 많아졌습니다. 이때 활용하면 좋은 활동으로 아래 교재 내용처럼 끝소리만 다른 낱말 발, 밤, 방, 밭 등을 집중해서 듣고 비교해보면 각 받침이 어떤 소리가 나는지 구별할 수 있습니다.

출처: 꾸꾸-한글 한마당

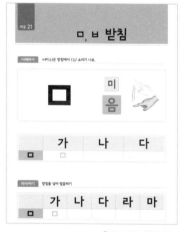

출처: 꾸꾸-찬찬한글

'찬찬한글'에서는 각 자음이 어떤 소리가 나는지 구별하는 방법, 받침을 넣어 발음하고 연습하기(감, 남, 담), '밤, 점심, 샴푸'와 같이 해당 자음이 들어간 단어 읽기, 선생님의 발음 듣고 쓰기 등을 충분히 연습하도록 되어 있어 아이들이 헷갈려 하는 부분에 적용해 볼 수 있습니다.

발음하는 것을 강조하기 위해 필요하다면 '바른소리-국립국어원' 사이트에서 자음, 모음, 낱말 발음 입 모양 영상을 보여주거나 '국립국어원 표준국어대사전'에서 낱말을 찾아서 발음을 들려줄 수 있습니다.

1학기에 받침이 있는 글자까지 배우면 한국교육과정평가원의 '한글 또박또박' 사이트에서 학생들의 한글 해득 여부를 진단할 수 있습니다.

각 단계별로 복잡한 받침의 낱말을 읽는 것이 부족한지, 무의미한 자모 낱말 읽기가 부족한지, 쓰기 능력이 부족한지, 유창성이 부족한지 각각 부족한 부분이 나오기 때문에 보충할 부분 파악이 쉽고 부족한 부분만 맞춤으로 지도할 수 있습니다. 여기서도 중요한 것은 아이의 능력을 평가하려는 것이 아니라 도울 방법을 알려주기 위함이라는 것을 미리 알려줘야 합니다. 잘한 부분도 알려주고, 검사하고 난 느낌도 들어보며 한글 공부에 대한 아이들의 생각도 들을 수 있습니다.

또, 진단결과에 따라 보충 수업을 실시할 수 있도록 '찬찬한글' 교재의 필요 부분을 안내하니 보충학습에 참고하면 좋습니다. 추후 개별 맞춤 향상도도 파악할 수 있고, 분석 결과지 인쇄도 가능하여 학부모 상담에서 활용할 수도 있습니다. 아이들이 잘하는 부분과 어려워하는 부분을 기록해 놓으면 어느 단계에서 모르는지가 파악이 되고, 학생 이해와 지도에 구체적인 근거가 되기 때문에 어려워하는 학생들만 개별지도를 진행합니다.

모두가 함께 자라요

수준이 각기 다른 우리 반 아이들이 모두 즐겁게 한글을 익히기 위해 어떤 활동을 하면 좋을까요? 먼저 재미있게 할 수 있는 놀이로 접근할 수 있습니다. 한글 교육에서도 중요한 것은 아이들이 학습에 흥미를 잃지 않도록 하는 것입니다.

시와 말놀이

말의 재미를 느낄 수 있는 시, 말놀이를 활용하면 한글 익히기에 흥미를 높일 수 있고, 수준이 다른 아이들도 다 같이 한글 공부를 할 수 있습니다.

노래 찾기: Youtube 검색,
최승호·방시혁의 말놀이 동요집 〈원숭이〉

1학년 1학기 모음자의 이름을 알아보는 차시에서 나온 〈원숭이〉는 노래로 제시되기 때문에 아이들이 좋아하는 말놀이 동요 중 하나입니다.

이처럼 말놀이 동요집 또는 동시집에 나온 말놀이를 읽어보고, 노래가 있는 것은 노래로도 불러봅니다. 모음자, 자음자로 만들 수 있는 낱말들을 발견하고, 말의 재미를 느끼며 생각과 어휘를 더 확대할 수 있습니다. 『말놀이 동시집3(자음편)』〈물땅땅이〉시로 활동한 사례를 나눠보겠습니다.

〈물땅땅이〉

물땅땅이야

땅에서 떵떵거리지

1 시에서 ㅇ이 받침으로 들어간 부분이 몇 개인지 찾아볼 수 있습니다.

2 '뭉땅땅잉양 땅엥성 떵떵겅링징'처럼 모두 ㅇ받침을 넣어 바꿔 읽어보며 발음에 초점을 둘 수도 있습니다.

3 '뭄땀땀이…'과 같이 다른 받침으로 발음해 볼 수도 있습니다.

4 ㅇ받침이 들어가는 낱말을 찾아보거나(응가, 송이, 원숭이) 다른 말로 바꿔 써볼 수도 있습니다.

5 말놀이 동시집 2(동물편)에 나오는 '도롱뇽' 동요처럼 ㅇ받침을 많이 연습할 수 있는 동요를 또 찾아 불러 볼 수도 있습니다.

또 말놀이 동시를 읽고 동시 따라 쓰기, 시에서 말하는 것 상상하기, 뒷부분을 이어서 말하거나 이어서 써보기 등 여러가지 활동도 가능합니다.

말의 재미를 느낄 수 있는 그림책

그림책을 읽으며 말의 재미를 느낄 수 있습니다. 그림책 읽어주는 수업은 아이들이 매우 좋아하는 시간입니다. 『숨바꼭질 ㄱㄴㄷ』, 『표정으로 배우는 ㄱㄴㄷ』, 『생각하는 ㄱㄴㄷ』 등의 그림책은 교과서에 그림 자료로 등장합니다. 교과서에 나왔던 그림책이라 흥미를 가지고 보기도 합니다. 교과서에서는 자음자의 모양을 보여주는 것으로 사용되었지만 그림책 자체도 각 자음자로 시작하는 낱말과 그림이 있어서 낱말을 익히고 어휘를 확장하는데 도움이 됩니다.

교과서에서 『숨바꼭질 ㄱㄴㄷ』는 그림에서 자음자 모양을 찾아보며 ㄱㄴㄷ모양에 익숙해지도록 활용합니다. 그림책을 한 장 한 장 읽어보며 각 자음자로 시작하는 동물을 상상하고 맞추거나 책 내용처럼 다양한 의성어, 의태어도 생각해볼 수 있습니다.

교과서에서 『표정으로 배우는 ㄱㄴㄷ』는 얼굴 자음자 그림에서 자음자 모양을 찾아보고 자음자를 넣어 얼굴 표정을 그리는 활동으로 제시됩니다. 그림책에는 그 자음자로 시작하는 의성어, 의태어가 있어서 표정과 비교해보는 활동을 해도 재미 있습니다.

『생각하는 ㄱㄴㄷ』는 각 자음의 모양을 생활 주변에서 찾아보고 자음자를 써보는 활동으로 연결됩니다. 각 자음으로 시작하는 사물이 자음자 모양으로 되어 있어서 자음자로 시작하는 여러 가지 사물을 더 생각해보도록 도와주는 책입니다.

이러한 그림책을 읽고 자음자 하나, 한 장면씩 맡아 이야기를 꾸며 쓰고 그림도 그리며 우리 반 그림책을 만들 수 있습니다. 개인적으로도 'ㄱㄴㄷ 자음자' 책을 만들 수 있습니다.

이처럼 새로운 시나 이야기를 찾아 제공해도 좋지만 교과서에 제시된 그림 자료가 있는 책에서 재미있는 시나 이야기를 찾아 들려주면 교과서와 연계하여 활동할 수 있어 좋습니다.

한글 해득이 어려운 2학년을 위한 지도법

그런데 2학년이지만 한글 해득이 되지 않는 아이들이 간혹 있습니다. 2학년 때는 시나 여러 가지 글을 읽고 생각을 말하고, 글로 표현하는 활동이 많기 때문에 한글 해득이 안되면 학생들이 심리적으로 더 위축되거나 좌절하게 될 수 있습니다. 그래서 진단이 더 중요합니다. 기초학력향상지원사이트 '꾸꾸(www.basics.re.kr)'에는 진단 후 개인 지도를 할 수 있도록 저학년 국어 기초학습 프로그램 '꾹꾹 다지는 국어'가 있어서 기본적인 언어 표현 및 의미 이해 능력을 신장시킬 수 있습니다. 꾸꾸 – 학습자료 – 국어를 검색하시면 자료를 다운받으실 수 있습니다.

'배이스캠프(www.plasedu.org)' 사이트를 통해 스스로 기초 학습을 진단하고 학습할 수도 있습니다. 다양한 콘텐츠를 제공하기 때문에 가정에 안내해서 보충하도록 하는 것도 필요합니다. 2학년의 경우, 방과 후에 시간을 내어 지도하거나 수업시간에도 자연스럽게 익히도록 도와야 합니다.

또 받아쓰기 채점 방법을 바꿀 수도 있습니다. 받아쓰기는 맞춤법을 연습하고 틀린 부분을 고치며 더 잘하게 하려는 데 목적이 있습니다. 그렇지만 어떤 아이에게는 자존감이 꺾이고 괴로운 순간이 될 수 있습니다. 그래서 채점할 때는 틀렸다는 표시를 하는 것이 아니라 부분 점수를 주거나, 틀린 부분만 밑줄 긋는 식으로 채점해도 좋습니다. 오히려 아이들에게 고쳐야할 것을 알려주고, 조금만 고치면 좋아질 거라는 희망을 줄 수 있습니다.

함께 읽고 생각하고 질문하기

문해력의 중요성이 점차 강조되고 있습니다. 기초학력의 개념도 3R's(읽기, 쓰기, 셈하기)의 기능적 측면에서 벗어나 학습을 이해하고 활용할 수 있는 '문해력' 차원으로 확장하여 새롭게 정립하는 것이 필요하다는 목소리가 커지고 있습니다. 앞서 초기 문해력 관점으로 한글 해득을 살펴봤다면, 이번에는 글을 읽고, 내용을 이해하고, 추론하고, 공감하고, 공유하고, 비판할 수 있는 능력의 의미로 문해력의 기초를 다지는 방법에 대해 이야기해 보겠습니다.

수학을 가르치다 보면 덧셈, 뺄셈은 잘 해도 문제 상황으로 제시되면 무엇을 의미하는지를 몰라 해결하기 어려워하는 경우를 많이 보게 됩니다. 학년이 올라갈수록 이해해야 할 정보도 많아지기 때문에 문해력을 기르는 것이 학습의 시작이라고 할 수 있을 것입니다. 매튜 효과(Matthew effect)라는 말이 있습니다. 읽기 능력이 좋은 학생들은 문자 언어에 노출이 많이 되기 때문에 점점 더 잘하게 되고 자존감에도 긍정적인 영향을 주는데, 반대로 어려워하는 학생들은 오히려 실패의 경험이 누적되기 때문에 점점 더 어려움을 겪는다는 의미로 사용됩니다.

학습 격차가 크게 벌어지지 않게 하려면 저학년 때부터 문해력을 지도하고, 성공의 기회를 많이 주며 흥미를 잃지 않도록 돕는 것이 더 중요합니다.

모든 학습의 기본이 되는 문해력은 실제적인 언어 사용 맥락에서 읽기와 쓰기를 기반으로 길러질 수 있습니다. 그래서 생각하고 표현하는 기회를 많이 가져야합니다. 그런 의미에서 저학년 때는 풍부한 문해 환경을 제공해 주는 것이 중요합니다. 이때 중요한 타자(Significant Other)로서 선생님이 먼저 읽어주는 것부터 시작할 수 있습니다.

책 읽어주는 선생님

그러면 책은 언제 읽어줄 수 있을까요? 매일 아침 책을 읽어주며 하루를 시작할 수도 있고, 일주일에 한 번도 좋습니다. 새로운 단원을 시작할 때나 수업 내용과 관련되어 동기유발이 될 수 있는 책을 골라 읽어줄 수도 있습니다. 중요한 것은 선생님이 가능한 시간을 찾아 규칙적으로, 습관이 되도록 하는 것입니다. '이 시간은 선생님과 책 읽는 시간이야'라고 인식하게 하는 것입니다.

어떤 책을 읽어 줄 수 있을까요? 교과 주제와 관련된 이야기를 찾을 수도 있고, 아이들에게 책을 추천해달라고 물어볼 수도 있습니다. 그림책일 수도 있고, 시나 말놀이, 짧은 동화일 수도 있습니다. 반드시 이런 책이어야 한다고 말할 수는 없지만 우리 반 아이들이 좋아하는 소재나 그림, 이야기가 좋습니다.

상상하고 말할 거리가 많은 이야기면 더 좋습니다. 책 목록을 찾기 어렵다면 각 시도교육청 기초학력지원센터, 학습도움센터에서 제공하는 기초 읽기, 쓰기에 관련된 자료를 활용할 수도 있습니다. 그 중 한 가지 서울학습도움센터 '북(BOOK)돋움'을 살펴보겠습니다. '북돋움'은 그림책 읽기 기반 문해력 향상 지도 자료로 읽기 능력 향상을 위한 그림책과 활용할 수 있는 활동이 자세히 나와 있습니다. 저학년 수준에도 맞는 책들이기 때문에 일상 수업에서 활용하기에도 좋습니다. 제시된 책이나 활동, 단계를 모두 할 필요는 없지만 새로운 책을 발견할 수 있고, 새로운 활동 아이디어도 얻을 수 있습니다. 또 시도교육청별로 있는 '독서교육종합지원시스템'이나 '북드림 전자도서관'에서 책을 검색, 대출할 수도 있습니다.

그렇다면, 어떻게 읽어줄 수 있을까요? 먼저, 선생님이 읽어주거나 보여주는 것을 적극적으로 듣는 것부터 시작합니다. 독서 후 활동을 지나치게 강조하게 되면 선생님이 읽어주는 책이 부담이 될 수 있습니다. 적극적으로 듣는다는 것은 수동적으로 듣기만 하는 것이 아니라 질문을 하고 답하면서 스스로 생각하며 듣는 것입니다. 생각하고 상상하며 읽다 보면 글을 더 적극적으로 만나는 법을 배울 수 있습니다. 그래서 교사는 생각거리를 적절히 주어야 합니다.

이제 읽기 전, 중, 후로 나누어 생각해보겠습니다. 읽기 전 활동으로 가장 많이 하는 것이 바로 '표지와 만나기'일 것입니다. 표지에는 많은 이야기가 있습니다. '무엇이 보이나요?', '누가 나올까요?', '인물의 표정은 어떤 것 같나요?', '제목을 보니 어떤 내용일 것 같나요?', '그림처럼 무엇 무엇을 해본 적이 있나요?'와 같이 책과 관련된 경험을 떠올릴 수 있습니다. 책을 읽으면서 짐작한 내용이 맞는지 확인해보는 재미도 있고, 이야기를 더 적극적으로 이해하는 능력도 기를 수 있습니다.

'작가와 만나기'도 좋습니다. 아이들이 알고 있는 책의 작가라면 조금 더 이야기가 가깝게 다가옵니다. 작가가 어떤 마음으로 책을 썼는지 작가의 말을 읽어주면 책을 이해하는 데 도움이 되고 더 친근한 생각이 듭니다.

이제 책장을 열어 읽어줍니다. 면지의 그림을 이야기하고, 중간 중간에 멈추며 그림에도 머무르고, 내용을 이해했는지 확인하는 질문, 다음 이야기를 추측하는 질문을 하며 읽어줍니다. 그렇지만 너무 자주 멈추게 되면 글 흐름을 깰 수도 있으니 의무적으로 모든 장면에서 멈추어 질문할 필요는 없습니다. 아이들에게도 책이 있다면 교사와 학생이 번갈아 가며 읽거나, 학생들끼리 번갈아 가며 읽을 수도 있습니다.

다 읽고 나서는 책 이야기와 비슷한 경험이 있는지, 궁금한 내용이 있는지, 내가 주인공이라면 어떻게 했을지, 비슷한 책을 읽은 적이 있는지 등 질문을 합니다. 친구들의 다양한 이야기를 들을 수 있는 시간이니 전체로 발표해도 좋고 짝끼리 말하게 해도 좋습니다. 이렇게 질문하고 생각하며 읽는 경험을 하게 되면 스스로 읽을 때도 적용하게 됩니다.

책 내용에 따라 다양한 활동을 할 수 있는데 어떤 활동을 할지 고민이 된다면 위에서 소개한 서울학습도움센터 '북(BOOK)돋움'같은 자료를 활용하면 새로운 아이디어를 얻는 데 도움이 됩니다.

2학년 2학기 국어 '1. 장면을 떠올리며'처럼 이야기를 읽고 장면을 떠올리며 생각이나 느낌을 말하는 차시에서는 권정생 작가의 『훨훨 간다』 책의 일부분이 소개되어 있습니다. 북돋움 1단원 '소리 내어 또박또박 읽어요'에서도 『훨훨 간다』가 소개되고, 활동 진행은 '읽어요', '배워요', '익혀요', '표현해요' 단계로 각각의 활동이 제시되어 있습니다. 이 차시를 배울 때 실물 책을 들고 책 표지와 삽화를 보며 시작해도 좋습니다. 교과서 흐름을 따르거나 활동을 재구성해서 수업을 할 수도 있지만 북돋움에 있는 활동을 보면 또 다른 아이디어를 얻을 수 있습니다.

아래 표는 '북돋움' 자료에 있는 활동 아이디어를 활용하고, 2차시로 계획된 것을 3차시로 증배하여 재구성한 것입니다. '훨훨 간다'는 소리나 모양을 흉내 내는 말이 재미있습니다. 표현의 의미를 이해하면 장면을 떠올리는 데 도움이 되어 어휘 관련 활동을 추가하였습니다. 교과서에는 역할 놀이가 제시되지만 역할놀이와 오디오북 만들기 활동 중 아이들이 좋아하는 것을 함께 선택하여 할 수 있습니다. 재구성한 수업에는 활용하지 않았지만 '익혀요' 단계에서 다른 이야기를 읽을 때 문장부호에 빈칸을 넣어 제시하고 문장부호를 넣어보며 띄어 읽는 활동 아이디어를 얻기도 합니다.

교과서 활동 (2차시)	• 장면을 떠올리며 이야기의 앞부분 읽기 • 물음에 답하기 • 이야기 장면을 떠올리며 어울리는 장면 붙임딱지 붙이기 • 뒷부분을 듣고 장면 떠올리기 • 대본 형식의 뒷부분을 역할 정해 읽기 • 역할놀이 하기 • 느낌 말하기	
북돋움 활동 진행	**읽어요** • 표지와 삽화 보고 내용 짐작하기 • 이야기 내용 살펴보기 • 천천히 함께 읽기 **배워요** • 낱말을 이해하며 읽기 • 소리나 모양 흉내 내는 말 읽기 • 문장에 있는 낱말 띄어 읽기	**익혀요** • 문장 소리 내어 읽기 • 반복되는 문장 찾아 읽기 • 문장 부호에 맞게 띄어 읽기 **표현해요** • 녹음하며 읽기 • 문장을 읽고 떠오르는 생각 그리기 • 생각과 느낌 나누기
위의 밑줄을 활용한 재구성(3차시)	• 책 표지와 삽화 보고 내용 짐작하기('할아버지는 어떤 표정인가요?', '어떤 마음일까요?', '훨훨 간다는 표현을 들으면 무엇이 떠오르나요?'와 같은 질문, 한 쪽씩 넘기며 그림 훑어보고 내용 짐작) • 작가와 만나기(권정생 작가와 작가의 다른 책 소개, 내가 읽어본 책 발표) • 장면을 떠올리며 이야기의 앞부분 읽기 • 물음에 답하기 • 소리나 모양 흉내 내는 말 찾고 의미 이해하기 • 이야기 장면을 떠올리며 어울리는 장면 붙임딱지 붙이기 • 뒷부분을 듣고 장면 떠올리기 • 대본 형식의 뒷부분을 역할 정해 읽기 • 역할놀이(촬영하고 함께 보기) 또는 녹음하며 읽고 오디오북 만들기 중 선택하여 활동하기	

　　교과서에 나오는 작품을 다룰 때 모두 책으로 제시할 필요는 없지만 이렇게 실물 책을 보여주고 활동하면 이야기에 더 몰입할 수 있고, 서로의 생각을 묻고 답하면서 생각하는 힘을 기를 수 있습니다. 함께 읽은

책을 교실 책꽂이에 꽂아두면 관심을 가지고 계속해서 읽어볼 수 있습니다.

읽고 나누는 시간

저학년이라도 스스로 책을 고르고 읽는 연습이 필요합니다. 3학년 1학기부터 독서 단원(한 학기 한 권 읽기)이 시작됩니다. 학습자 개인 특성에 맞는 책을 긴 호흡으로 읽고 통합적인 독서활동을 하는 시간입니다. 그런데 3학년 교실 상황을 보면 펄 벅의 '대지'를 읽는 아이도 있고, 1학년 때 읽었던 그림책만 골라 빨리 읽는 아이도 있습니다. 학습자 개인의 특성에 맞게 고르는 것이 중요하니 인정하고 기다릴 필요도 있습니다. 그렇지만 독서 습관과 태도를 형성하고 나아가 평생 독자로 성장하도록 하는 데 목적을 둔 시간이 또 하나의 부담, 어려움으로 다가오지 않으려면 저학년 때도 스스로 책을 고르고 읽는 습관을 기르도록 돕는 과정이 필요합니다.

학생들과 함께 도서관에 갔을 때를 생각해보겠습니다. 금방 고르는 아이도 있지만 한참을 돌아다녀도 고르지 못하는 아이들도 있습니다. 책 읽는 경험이 많지 않아서 무엇이 재미있는지, 자신이 무엇을 좋아하는지도 모르는 경우도 있고, 그 당시 책을 읽고 싶지 않은 경우도 있을 것입니다. 도서관처럼 선택의 폭이 너무 넓으면 선택에 부담을 느낄 수도 있습니다. 그래서 아이들에게 어떤 점이 어려운지 묻고 선택 범위를 제한해 안내해 줄 필요도 있습니다.

많은 선생님들이 아침 10분 독서 활동을 합니다. 그렇지만 아침시간이 아니어도 좋습니다. 짧더라도 꾸준한 습관이 중요합니다. 다른 것은 하지 않고, 내가 읽은 책 제목만 써 두어도, 1년이 지나면 눈으로 보며 큰 성취감을 얻을 수 있습니다. 교실에서 특별히 시간 마련하는 것이 어렵다면 늘 책을 가지고 다니고, 활동이 끝나면 책 읽는 것으로 약속하는 것도 좋습니다. 저학년은 속도가 많이 다르고 다 한 아이들은 '다 했어요. 이제 뭐 해요?'라고 묻는 경우가 많습니다. 약속이 되면 묻지 않고도 책을 읽습니다.

어느 정도 습관이 되면 주1회 정도는 나만의 시간을 주는 것도 좋습니다. 내가 읽은 책을 정리하는 시간입니다. 아이들에게 선택권을 많이 주면서, 무엇을 하고 싶은지 물어볼 수도 있습니다. 가장 기억에 남는 문장 쓰기, 궁금한 내용 질문하고 답도 써보기, 주인공에게 편지 쓰기, 기억에 남는 장면 그리기, 비슷한 경험 쓰기, 새로운 표지 만들기, 4컷 만화로 그리기, 책 소개하는 광고지 만들기 등 선택할 수 있는 것은 많습니다. 아이들은 저마다 2개씩 해도 되냐고 묻기도 합니다. 수준에 따라 정해주는 것이 아니라 자신이 좋아하는 것을 선택하게 되면 더 적극적으로 합니다. 자연스럽게 수준에 맞게 고르고 오히려 도전하게 되는 경우도 있습니다.

독서 활동이 끝나면 친구들과 나누는 것도 중요합니다. 짝끼리도 좋고, 모둠도 좋습니다. 국어시간이나 창의적 체험활동 시간을 활용해서 내가 읽은 책을 소개하는 책 잔치 시간을 마련해도 좋습니다. 각자 읽은 책을 소개할 수도 있고, 함께 읽은 책이나 교과서에 있는 내용을 함께 읽고 나누는 방법도 있습니다. 이 시간에는 서로가 좋은 선생님이 됩니다.

친구가 좋아하거나 인상 깊었던 내용도 듣고, 시각화 하여 표현한 것도 보고, 서로의 경험, 다양한 생각을 나누는 상호작용 시간이 중요합니다.

아이들에게 책은 많이 읽는 것보다 어떻게 읽는지가 더 중요합니다. 학교에서만 끝나는 것이 아니라 가정에서도 연계되면 좋습니다. 부모님이 자녀들에게 책을 읽어주는 것처럼 아이들도 부모님 앞에서 실감나게 책을 읽어보는 과제를 내 줄 수도 있습니다. 그리고 책을 읽은 뒤에는 부모님을 인터뷰하는 활동도 함께 해봅니다. 책에 대한 느낀 점을 부모님이 써 보고 자녀에게 이야기하는 것입니다. 인터뷰를 하며 부모님에게는 아이들의 어려움을 이해해보는 기회가 될 수도 있고, 아이들에게도 부모님의 느낀 점이 하나의 시범이 되어 새로운 생각을 알 수 있게 되는 기회가 됩니다. 또, 아이들이 책의 줄거리 속에서 문제를 내어 부모님이 맞히는 활동도 제안할 수 있습니다.

이런 활동들을 부담스럽게 여기는 가정도 있지만 동시에 이런 안내가 필요한 가정도 많습니다. 할 수 있는 경우만 해보도록 안내하면 몇 가정은 꾸준히 실천하는 것을 볼 수 있습니다.

기초 어휘력 기르기

문해력을 이야기할 때 어휘력에 대한 이야기도 빠질 수 없습니다. 기본적으로 어휘력이 있어야 글도 잘 이해할 수 있습니다. 그러나 어휘력은 한 번에 길러지지 않습니다. 책을 꾸준히 읽으며 새로운 낱말을 알아가고, 자연스럽게 문맥 속에서 유추하여 이해력도 높아지고 어휘력이 길러지는 것입니다.

어휘와 함께하는 수업

아이들은 반복하여 등장하는 낱말을 만나다보면 어휘가 확장되고 자연
스럽게 어휘력이 길러집니다. 『낱말공장나라』, 『단어수집가』, 『낱말 수
집가 맥스』 등 낱말과 관련된 그림책을 찾아볼 수 있습니다. 이런 그림
책을 읽으면서 어휘의 의미를 다시금 생각해 볼 수 있는 계기가 됩니다.
언어가 얼마나 소중한 것인지, 하나의 낱말도 아름다운 문장이 될 수 있
다는 것, 낱말도 공유하고 함께 기뻐할 수 있으며 어휘가 확장될수록 자
기 자신을 더 잘 알 수 있게 된다는 것을 굳이 말해주지 않아도 책을 읽
으며 자연스럽게 알 수 있습니다.

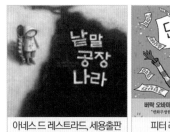

아네스 드 레스트라드, 세용출판

피터 레이놀즈, 문학동네

케이트 뱅크스, 보물창고

우리도 주인공처럼 낱말을 수집한다면 어떤 낱말을 수집할 수 있을
까요? 아이들에게 낱말을 수집해서 '나만의 낱말책'을 만들어 보자고 할
수 있습니다. 3학년 1학기 때 국어사전 찾는 법을 배우고 나만의 국어
사전을 만들지만 그것과 달리 뜻은 쓰지 않아도 됩니다. 좋아하는 책에
서 골라도 되고 수업 후 배운 내용에서 골라도 됩니다. 모르는 것만 쓰

는 것이 아니라 소중한 것도 적고, 도움이 되는 것도 적습니다. 한 번에 너무 많이 적지 않아도 됩니다. 한 가지만 적어도 됩니다. 중요한 것은 꾸준한 작업이 되어야 한다는 것입니다.

수업 중 글을 쓰다 보면 아이들이 '어떻게 써요?', '무슨 말이에요?' 라고 묻는 경우가 많습니다. 그럴 때 모르는 낱말은 꼭 수집해야한다고 말해줍니다. 간혹 자신이 전에 썼다는 것도 모르고 또 물어볼 수도 있지만 다시 적으려다가 발견할 수 있으니 이 또한 공부가 됩니다. 보통 틀린 것은 계속 틀리는 경우가 많기 때문에 물어봤을지라도 써보고 스스로 찾는 과정을 거치다 보면 자연스럽게 알게 될 수 있습니다. 한 학기나 학년 말에 '단어 수집가'의 주인공처럼 나의 낱말책에 있는 것 중 골라서 낱말 카드를 만들어 매다는 활동을 할 수도 있고, 낱말 몇 개만 골라 문장을 만들어 볼 수도 있습니다.

1학년 2학기 국어 '2. 소리와 모양을 흉내 내요.'는 소리와 모양을 흉내 내는 말의 재미를 느끼고 흉내 내는 말 찾아 문장 완성하기, 흉내 내는 말이 들어간 시나 글을 읽고 언어의 쓰임 알기, 끝말잇기 놀이 등 흉내 내는 말과 관련된 여러 가지 활동으로 확대해 나가는 어휘 중심 단원입니다. 교과서에서 제시된 시를 활용하여 다른 활동으로 확장할 수 있습니다. 시에서 재미있는 표현을 따라 써도 되고, 시에 나온 흉내 내는 말을 다른 말로 바꿔써볼 수도 있습니다. 일부를 바꾸거나 전체를 바꿔 나만의 시를 쓸 수도 있습니다.

어휘와 관련된 수업은 국어시간 어휘 중심 단원 뿐 아니라 일상의 모든 수업에서 할 수 있습니다. 이러한 활동은 다른 단원, 교과 시간에도 적용할 수 있으며 배운 내용이나 교과서에 있는 낱말로 끝말잇기를 하며 정리할 수도 있습니다.

수업을 시작하기 전에 학생들의 사전 배경지식을 활성화하는 것은 수업 내용 이해에도 중요하고, 동기유발에도 중요합니다. 아이들과 브레인스토밍으로 단원의 제목만 듣고 떠오르는 낱말을 모두 적으며 수업을 시작합니다. 한 두 개의 낱말로 정리하는 것은 쉽지 않지만 꼬리에 꼬리를 물며 확장될 수 있습니다.

워드클라우드는 많이 나온 말은 큰 글씨로, 적게 나온 말은 작은 글씨로 시각화하여 보이는 프로그램입니다. '워드클라우드(www.wordcloud.kr) 생성기' 사이트를 이용하거나 '멘티미터(www.mentimeter.com)'에서 적은 낱말을 워드클라우드로 선택하여 만들 수 있습니다. '워드클라우드 생성기'는 선생님이 아이들의 답변을 한 번에 적어서 만들 수 있고, '멘티미터'는 설문 주소를 알려주고 아이들이 접속하여 적는 즉시 바로바로 만들어지는 형태입니다. 예를 들어 2학년 1학기 국어 '3. 마음을 나누어요' 단원에서 마음을 나타내는 단어를 알고 지금 내 마음을 표현하는 낱말을 쭉 적어봅니다. 워드클라우드로 나타난 낱말 중 '기뻐요'를 선택하고 누가 썼는지, 왜 그런 기분인지도 묻습니다. 같은 낱말을 적었어도 각자 이유가 다르기 때문에 서로의 마음을 이해할 수 있습니다.

〈워드클라우드(wordcloud)〉 활용 예시

2학년 2학기 국어 '9. 주요 내용을 찾아요'는 글을 읽고 주요 내용을 말해보는 단원입니다. 중심 문장을 찾고, 중요한 내용을 적으며 간추리기, 줄거리 쓰기는 3학년부터 6학년까지 반복적으로 나옵니다. 주요 내용을 말할 때 중요한 낱말을 찾아 연결하는 것은 중요한 전략입니다. 자신이 생각하는 중요한 낱말을 적고 많이 나온 낱말을 모아 주요 내용을 문장으로 정리해볼 수 있습니다.

수업 내용을 정리하는 방법에는 여러 가지 방법이 있지만 생각 그물(마인드맵)에 낱말만으로 정리해봅니다. 어떤 낱말을 적어야 하는지 어려워하는 아이들도 있지만 기억이 나는 낱말부터 조금씩 늘리다보면 낱말로 정리하는 능력이 자라게 됩니다. 오늘 배운 내용 또는 읽은 책에서 기억에 남는 단어쓰기, 기억에 남는 낱말 하나 말하기 또는 모르는 단어 쓰기 등을 활용하여 정리할 수도 있습니다.

놀이로 함께하는 어휘

2학년 1학기 국어 '4. 말놀이를 해요' 단원에서는 말의 재미를 느끼며 여러 가지 말놀이를 해보는 내용이 나옵니다. 꽁지 따기 말놀이, 주고받는 말놀이, 말 덧붙이기 놀이, 끝말잇기 놀이, 첫 글자로 말 잇기 놀이 모두 평소에도 할 수 있는 놀이입니다. 그런데 이 놀이를 활발하게 하려면 어휘력이 풍부해야합니다.

『말놀이 동시집』은 말의 재미에 더 집중하고, 낱말 익히기에 좋은 자료입니다. '시'면서도 여러 가지 말놀이입니다. 이러한 동시집을 읽는 것처럼 낱말을 반복적으로 노출하고 다양한 문맥을 통해 만나는 기회를 준 후 말놀이를 직접 하면 더 활발하게 할 수 있습니다. 이 외에도 말놀이나 재미있는 시의 일부분 또는 제목에 괄호를 넣고 맞춰보는 놀이를 할 수도 있습니다. 시를 잘 읽어야지만 괄호를 넣을 수 있고, 시와 관련 있는 어휘를 생각해볼 수 있습니다.

지난 시간에 배운 새로운 단어나 어휘 관련 단원을 배우고 다음 시간이나 한참 뒤 나중에 문제를 내며 수업을 시작할 수도 있습니다. '오엑스 퀴즈'나 '동작으로 말해요', '스피드 퀴즈', '골든벨' 등 놀이형식은 다양합니다. 중요한 것은 아이들이 어려워하는 것을 놀이 형식으로 자주 노출해주는 것입니다. 새로운 낱말이 익숙해지면 배운 낱말을 이용해서 문장 만들기도 할 수 있습니다.

프랑스의 국민놀이 '쁘띠바크(Petit Bac)' 놀이는 영어 시간 어휘 수업에서도 많이 사용합니다. 원래는 지정된 알파벳으로 시작하는 7개 주제에 맞는 낱말을 모두 적고, 돌아가며 답을 말하는 것입니다. 자신이 말한 것과 중복된 사람이 없으면 점수를 얻고, 중복된 낱말을 적은 사람은 그 사람이 점수를 얻는 놀이입니다. 저학년은 주제를 3개 정도로 줄여서 할 수 있습니다. 선생님이 말해주는 자음으로 시작하는 낱말을 적는 것입니다. 주제는 식물, 동물, 놀이, 책 제목이나 책에 나온 인물을 제시해도 좋고, 아이들에게 물어서 정하는 것도 좋습니다. 또 해당되는 단어를 하나만 적는 게 아니라 시간 안에 많이 적어도 됩니다.

함께 표현하기

글을 쓴다는 것은 이미 알고 있는 어휘를 사용하고 확장시킬 수 있는 기회면서도 글을 이해하는 것과도 연결됩니다.

생활 속 글쓰기

먼저, 우리 반 친구들과 함께 쓰는 것으로 시작할 수 있습니다. 잘 쓴 글을 그대로 따라 쓰는 것도 좋지만 같이 생각을 모으며 함께 쓰는 과정은 글쓰기의 좋은 시범이 됩니다. 특히 1학년 1학기 국어 마지막 단원은 그림일기를 써보며 겪은 일을 표현하는 것입니다. 앞 단원에서 문장을 써보긴 했지만 스스로 생각해서 쓰는 것은 쉽지 않습니다. 그래서 처음 두세 번은 아이들과 함께 씁니다.

1 함께 경험한 것을 찾아봅니다. 입학식, 어린이날 행사, 책을 읽은 것, 보드게임 한 것, 만들기 한 것 등 즐거웠던 경험을 떠올리는 것이 좋습니다. 함께 떠올린 것을 칠판에 적습니다.

2 함께 쓰고 싶은 것을 고릅니다

3 한 일을 적어봅니다. '부채를 만들었다. 색종이로 꾸몄다. 붓 펜으로 그림을 그렸다. 친구들과 가위, 바위, 보를 해서 진 사람이 이긴 사람에게 부쳐주었다.' 이렇게 아이들 입에서 문장이 나오도록 합니다.

4 어떤 문장부터 먼저 쓸지 함께 이야기하며 2-3문장 정도로 함께 써봅니다. 이 단계가 익숙해지면 문장 중 아이들이 골라 쓰게 할 수도 있습니다. 더 익숙해지면 함께 쓴 문장보다 살을 붙여 쓸 수도 있습니다.

그래서 평소에도 아이들의 하루 일과를 많이 물어봐 주는 것이 필요합니다. '어제 뭐했니?', '비오는 날 우산이 없었던 경험이 있니?', '동생과 다퉜던 경험이 있니?'

물론 묻지 않아도 스스로 말하는 아이도 있습니다. 그렇지만 이렇게

출처: 정유진 선생님

경험이나 생각을 말해보는 발표 상황을 제공해주면 평소 선생님에게 와서 말하지 않던 아이들도 적극적으로 발표를 시작합니다. 처음에는 발표만 하다가 생각을 한 두 문장으로 말하기 시작하고, 한 줄 쓰기도 할 수 있게 됩니다. 오늘 하루 중 기억에 남는 일을 쓸 수도 있고, 기억에 남는 말이나 본 것을 적을 수도 있습니다. 본 것, 들은 것, 느낀 것, 생각한 것 등 나눠서 생각해보는 것도 좋습니다. 이처럼 함께 쓰기로 충분히 연습하고, 단계적으로 하나씩 하다보면 글쓰기 과정이 익숙해지고 또 스스로 쓰는 힘도 길러집니다.

생활 속에서 글을 쓰는 상황을 제공하는 것도 필요합니다. 친구가 쓴 글이나 그림, 만들기 한 것을 보고 붙임종이(포스트잇)에 느낌을 써주도록 할 수 있습니다. 좋아하는 주제를 찾아 글쓰기의 즐거움을 주는 것도 중요합니다.

책을 읽으면 더 쓸거리가 많아집니다. 책을 읽고 기억에 남는 한 문장을 찾아 씁니다. 두 문장을 적어도 됩니다. 단순해 보이는 활동이지만 이렇게 찾아 쓰면서 책을 더 들여다보는 기회가 될 수 있습니다. 왜 그 문장을 선택했는지 묻는 과정이 있으면 조금 더 생각해서 쓰려고 합니다.

또 책을 읽고 문제를 낼 수도 있습니다. 책의 내용을 어느 정도 이해해야만 문제를 낼 수 있기 때문에 저학년에게는 조금 도전적인 활동이지만 그래서 성취감도 더 크게 됩니다. 문제를 낼 때는 물음을 적고, 답도 적습니다. 답을 적어보는 이유는 자신이 낸 문제를 생각해보는 기회가 되기 때문입니다.

3행으로 이루어진 『손바닥 동시집』은 3행이 시가 됩니다. 짧으니 부담 없이 따라 쓰기도 하고, 시인처럼 세 줄 시를 써볼 수도 있습니다. 또 어떤 의미가 담겨있는지 함께 이야기할 수 있습니다.

그림만 있는 그림책도 있습니다. 먼저 함께 그림만 보며 상상해봅니다. 어떤 내용인지 한쪽씩 맡아 문장을 만듭니다. 여러 개의 문장으로 말할 수도 있습니다. 이제 자신이 맡은 부분의 문장을 씁니다. 아이들이 쓴 것을 엮으면 우리 반 책이 완성됩니다. 책장을 넘기며 문장을 쓴 것을 돌아가며 읽고 녹음을 하게 되면 오디오 북이 됩니다.

이처럼 문해력은 글을 읽기만 하면 자연스럽게 길러지는 것은 아닙니다. 생각하고, 생각한 것을 말하고, 글로 표현할 수 있을 때 더 향상됩니다.

기초 수학은 수 개념과 연산 습관에서 시작된다

수 개념 기르기

수는 수학에서 가장 기본적인 개념입니다. 2015 개정 초등 수학과 교육과정 1~2학년군 '수와 연산' 성취기준을 보면 '[2수01-04] 하나의 수를 두 수로 분해하고 두 수를 하나의 수로 합성하는 활동을 통하여 수 감각을 기른다.'라고 제시되어 있습니다. 우리는 수학을 지도할 때 수 감각을 기르는 것을 목표로 가르칩니다. '수 감각'은 무엇일까요? 수 감각(number sense)의 정의나 구성 요소는 학자에 따라 다양하지만 대개 수의 의미(숫자, 수 이름, 수량)와 다양한 수 사이의 관계를 이해하는 수에 대한 직관적인 능력, 수에 대한 상대적인 크기를 인식하고, 다양한 방법으로 수 체계를 활용하는 방법을 이해하는 능력이라고 정의할 수 있습니다.

수 감각은 초기 수학 능력에 중요한 요소입니다. 수학은 위계가 뚜렷하고 절차적 지식이 중요해서 한 단계가 결손이 되면 다음 단계 내용 이해가 어렵게 됩니다. 또 학년이 올라갈수록 즉, 결손이 누적될수록 어려움이 커지기 때문에 저학년 시기부터 수 감각을 기르는 것이 중요합니다.

그래서 저학년 수학은 결손이 없고 수학을 즐겁게 만나길 바라는 마음으로 다양한 교구, 놀이, 게임으로 접근하고, 방과 후 지도를 하기도 합니다. 이번에는 초등 수학에서 많은 부분을 차지하고 있고, 수 감각을 기르기 위한 수와 연산 영역의 지도에 대해 생각해 보려고 합니다.

수 세기

수 개념을 기르려면 어떻게 도와줄 수 있을까요? 1학년에 입학하는 아이들 중에는 '100까지 셀 수 있어요. 곱할 수 있어요.'라고 자랑하는 아이들이 있습니다. 그런데 실제로는 여러 장면에서 오류를 보이기도 합니다. 수를 일대일 대응으로 셀 수는 있지만 어느 정도를 나타내는지 양감이 부족한 경우도 있고, 자릿값의 의미를 모르는 경우도 있습니다. 그래서 구체물과 반구체물(그림, 카드 등)을 이용하고 다양한 상황에서 실제로 세어 보는 활동을 하면서 충분히 연습하도록 기회를 만들어주는 것이 중요합니다. 교과서에도 바둑알이나 연결 큐브, 수 모형 등 다양한 교구를 사용하고 놀이로써 접근하도록 구성되어 있습니다. 레켄렉, 수구슬판, 수세기 주판이라고도 부르는 20알 주판은 수세기 뿐 아니라 가르기와 모으기, 받아 올림과 받아 내림을 시각적으로 이해하는데도 도움이 됩니다.

출처: 20알 주판, 아이스크림몰

20알 주판 하나만으로도 여러 가지 방법으로 수세기가 가능합니다. 다양한 수 세기 전략으로 수를 세는 것은 수 감각을 기르는 데 도움이 됩니다. 수학 1학년 1학기 '5. 50까지의 수' 단원에서 1~20까지 수세기를 할 때 활용할 수 있습니다.

구슬을 하나씩 옮겨가며 일, 이, 삼, 사… 순서대로 하나씩 세다 아홉 다음 다른 한 쪽에 구슬 하나 남은 것을 옮기면서 9보다 1만큼 더 큰 수는 10이라고 보여줍니다. 윗줄 전체가 한 쪽으로 옮겨진 것이 10인 것을 확인하며 10의 양을 확인할 수 있습니다. 그 다음 아랫줄 구슬에서 또 하나 옮기면 11이라고 세고, 11은 윗줄 10과 아랫줄 1이라는 것도 알게 합니다.

20은 윗줄 10개 전체를 한쪽으로 옮기면 십, 아랫줄 10개 전체를 또 한쪽으로 옮기면 이십이 된다는 것도 눈으로 확인하며 수를 셀 수 있습니다. 50까지의 수 또는 100까지의 수는 수를 셀 때 10개씩 묶어 세기 위해 100알 주판을 사용할 수도 있습니다.

거꾸로 세기는 반대 순서로 수 이름을 말하며 세는 전략입니다. 수업 시간 어떤 활동을 할 때 타이머를 사용하기도 하는데 타이머를 작동하는 순간 숫자는 거꾸로 갑니다. 아이들은 10초 남았을 때부터 활동을 멈추고 신나게 십, 구, 팔, 칠, 육, 오, 사, 삼, 이, 일, 끝났다! 소리칩니다. 이렇게 거꾸로 말할 수는 있지만 어느 정도인지는 모르는 경우도 있습니다. 이 때 아랫줄부터 하나씩 반대로 옮겨가며 하나씩 줄어드는 개념을 눈으로 확인하며 이해할 수 있습니다.

수학 놀이 교구 중 6점 도미노와 9점 도미노가 있습니다. 도미노는 정사각형 두 개가 그려진 직사각형 타일인데, 각 정사각형에는 주사위처럼 작은 점들이 있습니다. 모델 자체의 양감이 분명한 수 모형이나 연결큐브, 퀴즈네어 막대(색 막대)와는 달리 수의 크기를 직관적으로 파악하기 어려워 심화 활동으로 하기 좋습니다. 방법은, 타일을 번갈아가며 하나씩 양쪽 끝과 같은 수가 연결되도록 도미노를 놓는 것입니다. 도미노를 놓기 위해서 즉시 세기(일일이 세지 않고 감각으로 그 수를 바로 파악하는 것)를 연습하게 됩니다. 이어 세었을 때 6이 되거나 7이 되게 놓을 수도 있습니다. 7을 만든다고 할 때 한쪽 끝에 3이 있으면 4가 있는 타일을 연결해 놓고 셋, 넷, 다섯, 여섯, 일곱과 같이 3에 4개의 수를 이어 세어 7로 셀 수 있습니다. 이것이 이어세기 전략을 활용한 덧셈이 됩니다. 숫자로 접근하기 전에 이렇게 놀이로 수세기 연습을 하면 수감각도 길러지고 덧셈, 뺄셈 개념도 자연스럽게 익힐 수 있습니다.

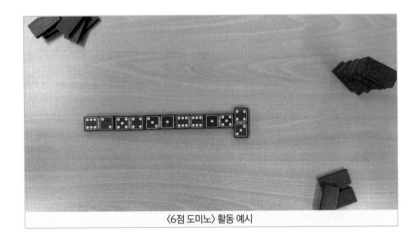

〈6점 도미노〉 활동 예시

수의 표현

1학년 1학기 50까지의 수를 배울 때부터, 10개씩 묶음수와 낱개의 수로 구분하며 자릿값 개념이 나옵니다. 자릿값은 고학년이 되어도 이해하기 쉽지 않습니다.

2학년 1학기 '1. 세 자리 수' 단원에서는 백 모형, 십 모형, 일 모형으로 제시하고 이후 백의 자리, 십의 자리, 일의 자리라는 개념이 나옵니다. 각 자리의 숫자가 얼마를 나타내야하는지 이해해야 하는 과정을 어려워하는 아이들도 많습니다. 수를 표현하고, 숫자의 위치와 수의 값의 관계를 이해하는 것은 덧셈, 뺄셈, 곱셈, 나눗셈의 알고리즘을 이해하거나 이후 더 큰 수와 소수를 이해하기 위해서도 중요합니다.

먼저 10개의 일을 1개의 십으로, 10개의 십을 1개의 백으로 10개의 백을 천으로 교환하고 또 반대로도 교환하는 것을 이해하고 연습할 필요가 있습니다. 교과서에서는 수 모형을 자릿값 판에 놓아보며 수의 구성을 이해하고, 각 자리 숫자의 의미를 이해하도록 합니다. 1학년 때 사용했던 연결큐브로 직접 조작하며 낱개 10개가 되면 십 모형 자릿값 판에 놓아보며 수를 표현하고, 십 묶음이 10개가 되어 묶으면 100모형 자릿값 판에 놓아봅니다. 또 익숙해지면 수 모형으로 조작해보며 이해하도록 합니다.

자릿값 개념을 이해하기 위해 교과서에서는 동전 활용이 제시됩니다. 10씩, 100씩 뛰어 세기에 좋습니다. 예를 들어 400원을 세려면 100원짜리 동전으로 하나씩 세는데 100씩 뛰어 세기가 됩니다. 100의 자리 수만 4(사)가 된 것을 확인할 수 있습니다.

놀이로 연습하기

구체물로 충분히 연습을 해보았다면 단원 마지막 시간이나 다른 수업시간에도 수 관련 놀이를 적용하여 연습해볼 수 있습니다.

저학년 학생들과 해볼 수 있는 활동으로는 '달팽이 놀이'가 있습니다. 달팽이 모양을 그려두고 한 팀은 안쪽에서 바깥쪽으로 한 명씩 달려 나가고, 다른 팀은 바깥쪽에서 안쪽으로 한 명씩 달려가다 서로 만나게 되면 가위, 바위, 보를 하는 게임입니다. 이긴 사람은 반대쪽으로 계속 가고, 진사람 팀에서는 다음 사람이 나와서 또 만나면 가위, 바위, 보를 합니다. 지면 다음 사람이 나가고, 이기면 계속 달려가서 반대 팀으로 도착하면 통과입니다. 이렇게 반복하면서 팀 전체가 반대쪽으로 빨리 가는 팀이 승리하는 놀이입니다. 달팽이를 그리기 어려운 상황에서는 훌라후프를 여러 개 두고 양쪽 끝에서 한 칸씩 뛰며 같은 방법으로 해볼 수 있습니다.

이렇게 통합교과시간 놀이를 할 때 자연스럽게 수학 놀이로 변형할 수도 있습니다. 가위바위보 대신 수의 크기를 비교하는 것입니다. 출발할 때 수 모형 그림 카드나 수 카드를 가져가서 보여주며 수의 크기가 더 큰 사람이 지나갑니다. 수학 수업 시간에 놀이까지 하며 수를 익히기에는 시간이 부족하기 때문에 다른 교과 시간에 자연스럽게 녹여낼 수도 있습니다.

가장 중요한 연산 능력 높이기

덧셈, 뺄셈, 곱셈, 나눗셈 같은 기초연산은 개념과 원리를 이해하고 숙달할 필요가 있습니다. 문장제의 경우 문제의 의미를 제대로 이해하지 못해서 어떻게 해결해야 하는지 모르는 경우도 있지만 연산이 능숙하지 않아 연산을 고민하며 시간과 에너지를 소모하다 결국 문제 해결에 대한 생각을 하지 못하게 되는 경우도 많이 봅니다. NCTM(전미 수학 교사 협의회)에서는 연산유창성(computational fluency)을 "연산을 효율적이고 정확하게 하는 방법"으로 정의하고, "주어진 시간 내에 연산 문제를 빠르고 정확하게 풀 수 있는 능력 이상의 기능으로 수 체계와 연산의 의미에 대한 이해를 바탕으로 다양한 연산 방법을 융통성 있게 적용할 수 있음을 의미한다."고 설명하고 있습니다.

우드워드(Woodward)는 연산 영역에서의 자동화는 문장제 문제 해결처럼 높은 수준의 수학 문제를 해결하는데 기본이 된다고 말합니다. 이처럼 기초 연산이 자동화되어야 깊은 사고도 할 수 있기 때문에 구체물로 이해하고, 놀이로 반복하는 연습이 필요합니다.

덧셈 지도하기

1학년 1학기 덧셈, 뺄셈 지도 전에 선수 요소로 모으기, 가르기를 합니다. 그런데 오히려 이 과정을 더 어려워하는 아이들도 많습니다. 그래서 구체물을 가지고 충분히 연습한 후 숫자로 접근할 필요가 있습니다.

먼저 연결 큐브를 활용한 경우를 살펴보겠습니다. 연결 큐브 3개와

2개가 있는데 모으기를 하면 어떻게 될까요? 아이들은 하나씩 세기로 "1, 2, 3, 4, 5, 5개!"라고 말할 수도 있고, 이어세기로 "3, 4, 5, 5개", 또는 묶어 세며 "2, 4, 5개"라고 말할 수도 있습니다. 어려워하는 경우 힌트를 주며 전략 수준을 높이도록 합니다.

손가락을 이용하는 것도 중요한 전략입니다. 아이들과 손가락을 이용하여 텔레파시 놀이도 할 수 있습니다. 선생님이 7을 말하면 짝과 내가 손가락을 펴는 것입니다. 짝과 미리 상의할 수 없기 때문에 놀이를 하며 나만의 전략을 세우기도 합니다. 한 손으로 하는 경우 선생님이 7을 말했는데 내가 1을 표시하면 안 됩니다. 놀이를 반복하며 선생님이 말하는 숫자를 잘 듣고 얼마 이상은 펴야한다는 것을 알게 됩니다. 짝과 동시에 수를 표시하고 모으며 짝과 내가 잘 모았는지 확인하다보면 모으기 연습이 됩니다.

덧셈에서는 어떤 부분을 신경 써서 지도해야 할까요? 하나씩 세기, 이어 세기, 묶어 세기 모두 좋지만 전략적으로 5나 10같은 기준수를 아는 것도 중요합니다. 20알 주판은 색(5알씩 다른 색)과 위치(윗줄, 아랫줄)로 구분이 되고, 10칸 상자는 위 5칸, 아래 5칸이라 10만들기 전략을 이해할 때도 좋습니다.

1학년 2학기 '6. 덧셈과 뺄셈(3)'에서는 두 수를 더할 때 3가지 전략이 제시됩니다. 교과서에서는 10칸 상자를 활용하여 연습하고, 수 가르기를 하며 계산하도록 합니다. 예를 들어 6+7이면 6에 4를 더해서 10을 만들고 남은 수 3을 더하는 방법, 윗줄 5와 5를 더해서 10을 만들고 남은 수 1과 2를 더하는 방법, 7에 3을 더해서 10을 만들고 남은 수 3

을 더하는 방법 등이 가능합니다.

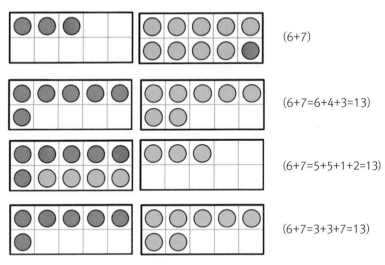

(6+7)

(6+7=6+4+3=13)

(6+7=5+5+1+2=13)

(6+7=3+3+7=13)

출처: 똑똑수학탐험대 교구 활용 예시

　　10칸 상자에 연결 큐브를 놓으며 자연스럽게 수를 분해하는 법도 알게 됩니다.

　　20알 주판을 활용할 수도 있습니다. 6+7을 윗줄 6개, 아랫줄 7개로 놓고 시작합니다.

(6+7=6+4+(7-4)=6+4+3=13)

윗줄 10을 만들도록
아랫줄에서 4개를 오른쪽으로 가져가고
윗줄에서 왼쪽으로 4개 가져가면
윗줄 10, 아랫줄 3이 되어 13이 됩니다.

(6+7=5+5+1+2=13)

같은 색깔인 윗줄 5개와
아랫줄 5개를 더해 10을 만들고
남은 윗줄 1개, 아랫줄 2개를
더해 13이라고 말할 수 있습니다.

출처: 정유진 선생님

이 외에도 20알 주판을 조작하며 덧셈의 다양한 전략을 시각적으로 보며 연습할 수 있습니다. 이렇게 구체물로 연습한 뒤 1~2학년 수학 교구로 많이 알려진 '아이씨 텐'이나 '메이크 텐'으로 10 또는 20 만들기 놀이를 할 수 있습니다. 세 수의 덧셈 연습을 위해 아이씨 텐은 카드를 차례로 3개를 골라 10이 되면 가져갈 수도 있고, 10이나 20이 될 때까지 계속 모아갈 수도 있습니다. 메이크 텐은 타일 3개로 10 또는 20을 만들고, 이어서 3개씩 붙이며 10을 만들어 갈 수 있습니다. 구체물로 다양한 전략을 연습한 것처럼 놀이를 할 때도 전략을 활용하고 익히게 됩니다.

<아이씨 텐>

<메이크 텐>

뺄셈 지도하기

뺄셈은 수행해야할 절차가 많아 아이들이 더 어려워하기도 합니다. 그래서 구체물을 사용하며 여러 가지 전략을 충분히 익히는 과정이 필요합니다. 암기와 절차적 기능에 초점을 맞추게 되면 개념 이해를 저해할 수도 있으니 유의해야 합니다. 거꾸로 세거나 손가락을 접는 것처럼 수 계열을 이용하는 연습도 있지만 구체물을 사용하면 5를 만들어서 빼거나 10을 만들어서 빼는 전략을 눈으로 보며 기를 수 있습니다.

2학년 1학기 '3. 덧셈과 뺄셈' 단원에서는 받아내림이 있는 뺄셈이 나옵니다. 받아내림을 배우다 보면 필요하지 않은 경우에도 하려는 아이가 있습니다. 어려워하는 경우 "일 모형이 3개 있는데 4개를 줄(뺄) 수 있을까?"라고 물어보며 받아내리는 경우인지 아닌지 구분하도록 돕습니다. 이 때 연결 큐브, 수 모형 등 구체물로 조작하게 되면 항상 받아내림이 필요한 것은 아니라는 것도 시각적으로 볼 수 있습니다. 받아내림이 필요한 경우는 십 모형을 분해하여 일 모형과 합하여 빼도록 합니다. 이렇게 다양한 조작활동을 하며 계산 원리를 파악하는 것이 필요합니다.

연산이 익숙하고 잘하는 아이들은 수 모형이 없어도 잘한다는 것을 보이려고 암산으로 계산하기도 합니다. 이때 수 모형 활동으로 문제 상황 이야기를 만들어보라고 할 수 있습니다. 구체물로 충분히 연습하며 여러 가지 전략을 발견하는 것이 중요하지만 수준에 따라 심화된 활동을 줄 수도 있습니다.

곱셈 지도하기

곱셈은 연산의 기초이고, 나눗셈의 기초로써도 중요합니다. 2학년 때 곱셈을 이해하고 익숙해져야 3학년 1학기에 처음 나오는 나눗셈도 잘 이해할 수 있습니다. 그래서 곱셈 감각을 높이는 것이 중요합니다. 사실 수 세기에서 10씩 묶어 세어보는 것부터 곱셈의 시작이라고 할 수 있습니다. 그래서 1학년 시기에 수를 셀 때 묶어 세기, 뛰어 세기가 익숙해진 아이들은 곱셈 이해도 쉽게 합니다. 그럼 곱셈의 의미를 이해하기 어려워하는 아이들은 어떻게 도울 수 있을까요?

곱셈의 시작도 역시 구체물을 가지고 뛰어 세기와 묶어 세기를 연습하면서 익숙해지도록 지도합니다. 이 때 100알 주판을 활용할 수 있습니다. 100알 주판은 20알 주판처럼 10개 구슬 줄이 10줄 있는 것입니다. 100까지의 수를 지도할 때 사용할 수도 있지만 곱셈구구를 익힐 때도 좋습니다.

출처: 100알 주판, 아이스크림몰

그런데 곱셈이 익숙해지면 문제의 의미를 파악해서가 아니라 무조건 곱셈식을 사용하여 문제를 해결하려는 학생도 있습니다. 1~2학년 수와 연산 성취기준을 보면 '[2수01-10] 곱셈이 이루어지는 실생활 상황을 통하여 곱셈의 의미를 이해한다'고 되어 있습니다. 어떤 상황에서 곱셈이 필요한지 교과서 그림에서 살펴보는 것 뿐 아니라 실제 주변에서도 다양한 상황을 제시하고 함께 찾아보는 것이 필요합니다. 스스로 문제 상황을 만들어 내가 만든 문제를 짝과 바꿔 풀어보기도 하고, 아이들이 만든 문제로 보드게임이나 땅따먹기를 만들어서 주게 되면 자신이 만든 문제이기 때문에 놀이처럼 풀게 됩니다.

여러 가지 자료 활용하기

학습 결손이 생기지 않기 위해서는 학습 내용을 잘 이해할 수 있게 가르치는 것도 중요하지만 이해한 내용을 익히게 하는 충분한 연습이 필요합니다. 이때 저학년을 위한 자료를 찾아 활용할 수도 있습니다.

초1, 2학년 수학 수업 지원 및 학습결손 방지를 위한 것으로는 '똑똑! 수학탐험대(www.toctocmath.kr)' 사이트가 있습니다.

〈똑똑! 수학 탐험대〉 사이트 예시

교육부와 한국교육학술정보원(KERIS)에서 만든 인공지능(AI)활용 초등수학 수업지원시스템으로 초등 1, 2학년 교육과정, 교과서 기반의 과제를 수행하면 결과를 AI분석해서 학생 수준에 맞는 콘텐츠를 추천해주고 학습 조언을 해줍니다. 홈페이지에 들어가면 학년별로 제공되는 '함께 학습지' 다운로드가 가능하여 활용할 수 있습니다. 담임교사가 학급을 생성하고 학급 학생들을 초대해서 활용하거나 가정에서 스스로 하도록 안내하면 됩니다. 로그인을 하고 탐험 시작을 누르면 교과활동, 평가에서 문제를 풀 수 있습니다. 자유활동, 탐험활동은 놀이형식으로 되어 있습니다. 인공지능 추천활동은 초기 수 감각, 기초연산을 진단하면 활용할 수 있는데 수준에 따라 내용이 달라집니다. 기능 중 교구 부분은 실제 수업에서도 활용이 가능합니다. 자리 수 개념 지도에 좋은 수막대와 자릿값 판, 구슬을 이용하며 모으기, 가르기 연습을 할 수 있는 레켄렉, 시계, 수 모형, 10칸 상자, 숫자판, 칠교놀이 등 많이 사용하는 교구가 있어 실물이 없을 경우 직접 마우스 조작으로 활용할 수도 있습니다.

또, YTN science에 '수다학'이라는 프로그램에서 방송되었던 1, 2학년 단원별 영상에서는 실제 선생님들이 수업한 사례나 놀이가 있고, 방송 정보에서 활동지를 다운받을 수도 있습니다. 수학 동기와 자기 주도 학습능력을 기를 수 있는 내용부터 체험, 수학을 어려워하는 아이의 관찰 일기 등 다양한 내용이 있어 선생님들이 보기에도 좋습니다.

CHAPTER 4

고학년 교실 속
학습 격차
극복하기

문해력을 키우는 비밀, 교과서 읽기

교과서를 읽지 못하는 아이들

학년이 올라갈수록 교과서의 내용을 읽고 이해하는 것을 어려워하는 아이들이 많습니다. 눈으로는 텍스트를 읽고 있지만 내용은 정확히 이해하지 못하는 문제가 가장 큽니다. 만약 아이들이 교과서를 읽고 내용을 이해하지 못한다면 수업에서 받아들이고 배울 수 있는 부분은 제한적이게 됩니다. 수업을 듣는다는 것은 보통 교과서의 내용을 배우는 과정이기 때문입니다. 그래서 글을 읽고 이해할 수 있는 문해력, 그 중에서도 교과서를 읽고 이해할 수 있는 '교과서 문해력'은 학업 성취와 매우 밀접한 연관이 있습니다.

처음 수업에 열심히 참여하려고 한 학생들도 교과서의 내용을 이해하지 못한다면 점점 수업에서 소극적이게 될 수밖에 없으며 이런 상황이 지속되면 학습의 격차가 생기는 것입니다. 또한, 학년이 올라갈수록 수업 중 몰라도 모른다고 이야기하지 않는 아이들이 점점 늘어나기 때문에 교사 또한 정확하게 파악하기 어렵습니다.

특히 초등학교 3학년, 5학년처럼 교육과정이 바뀌면서 교과서의 지문 수준이나 양이 늘어나는 경우 이 과정에서 갑작스럽게 바뀐 난이도를 따라오지 못하는 아이들이 발생합니다. 분명 2학년까지는 받아쓰기를 하는 것도, 짧은 글을 읽고 이해하는데 어려움이 없었던 아이들도 3학년이 되어 새로운 과목들이 도입되고 교과서의 내용도 어려워지면서 본인의 문해력이 교과서 수준을 따라오지 못한다고 생각하는 경우가 있습니다.

또 5학년이 되면서 교과서 지문의 양이나 단어의 수준이 한 단계 상향되면 더더욱 어려움을 겪습니다. 계속 학년이 올라가면서 교과서를 읽고 이해하는 것이 어려워지는 것입니다.

저학년을 지도할 때 기초 문해를 지도하는 것과는 또 다른 방법으로 아이들 교과서 읽기를 지도해야 하는 이유도 교과서에서 배우는 양과 단어의 수준에 차이가 있기 때문입니다. 교과서를 읽고 이해하지 못하면 하루 중 많은 시간을 보내는 학교 수업 시간에 적극적으로 참여하기가 어렵습니다. 교실 속 학습 격차는 문해력의 격차로도 이어질 수 있는 것입니다.

학생들이 교과서를 읽고 이해하는데 어려움을 겪는 이유는 아이들이 글을 읽을 기회가 많지 않기 때문입니다. 이미 영상에 익숙하고 종이책보다는 전자 기기에 익숙한 경우가 많다 보니 정작 움직이지 않는 긴 글을 천천히 읽을 기회가 교과서 이외에 많지 않았던 것입니다. 글을 읽고 이해하는 것도 경험하고 익힐수록 스스로 방법을 터득하게 되는데 그 경험이 부족한 경우가 많습니다. 경험이 부족하니 책을 읽기 어려워하고 어려우니 또 계속 책을 읽기를 꺼려하는 현상이 반복되는 것입니다.

수업 중에 아이들이 이해하지 못하는 단어를 더 쉬운 말로 설명해줄 때, 쉽게 풀어 설명한 단어임에도 이해하지 못하는 단어가 있기도 하고, 어려운 단어를 쉬운 단어로 대체하여 생각하는 것을 어려워하기도 합니다. 이런 현상은 단지 국어 교과에 한정된 이야기는 아닙니다. 교사가 더 아이들의 문해력 향상을 위해 노력해야 하는 이유는 글을 읽고 이해하는 문해력이 다른 교과 및 학습을 위한 기본 도구, 기본 무기와 같은 기초 능력이기 때문입니다. 교실 속 발생하는 아이들의 학업 능력 차이를 줄이기 위해서는 반 아이들의 문해력을 그 학년의 교과서를 스스로 이해할 수 있는 수준까지는 끌어 올려주어야 합니다.

교과서 속 어휘 지도하기

교과서는 설명하는 글이나 비문학 지문이 많습니다. 그리고 사용하는 어휘 자체가 그 과목의 핵심 개념을 나타내는 단어가 많습니다. 또한 이 단어 자체가 보통은 한자어이거나 그 분야의 전문 어휘로 되어 있어서 그림책, 소설책을 잘 읽는 아이도 교과서 읽기는 어려워하는 경우가 있습니다. 따라서 교과서를 잘 읽고 이해할 수 있으려면 교과서 속의 단어들을 이해하는 것이 먼저입니다.

교과서를 이해하기 위해 꼭 알아야 할 어휘들은 일상적으로 대화할 때 사용하는 일상 어휘와는 구별이 됩니다. 일상 대화를 하면서 습득할 수 있는 단어와는 다르기 때문에 학생이 교과서의 기본 개념 어휘들을 충분히 익힐 수 있도록 도와야 합니다. 그렇다면 교과서를 잘 읽고 이해하기 위한 첫 단계로, 교과서 속의 단어 중 무엇을 먼저 학습하도록 해야 할까요?

　사실 교과서 속에는 아이들이 놓치지 않고 꼭 익혀야 할 단어가 친절하게 안내되어 있습니다. 각 과목 마다 중요 단어를 표시해 놓는 방법은 조금씩 다르지만 두꺼운 글씨로 표시하기도 하고 뜻을 설명하는 상자를 만들거나 교과서 옆에 주석처럼 달아놓는 것과 같은 방법으로 모두 친절하게 표시되어 있습니다.

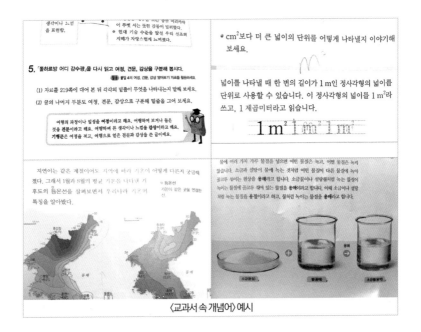

〈교과서 속 개념어〉예시

　국어나 수학 교과서에서는 이 단원을 배우기 위해서 꼭 알아야 할 단어를 상자 속에 따로 넣어 표시한 후 색을 달리하거나 굵게 표시하는 것과 같은 형태로 단어를 강조하여 나타냅니다. 과학 교과서에서도 이 단원에서 꼭 알아야 할 단어를 굵은 글씨로 표시해두며 사회 교과서에서는 단어 위에 빨간 표시 후 교과서 옆에 주석처럼 표시를 합니다.

즉, 모든 교과서에서는 그 단원을 공부하기 위해 새롭게 등장하는 단어에 대해 친절하게 나타내고 있습니다. 따라서 교과서 속 표시된 어휘를 충분히 익히는 것만으로도 아이들이 교과서를 읽고 이해하는데 훨씬 수월해질 것입니다.

각 학년 모든 과목 교과서를 매번 학습하는 것이 어렵다면 초등학교 4-6학년 여러 교과목에 자주 사용되는 어휘를 모은 학습 자료를 사용하시는 것도 좋습니다. '꼼알어휘(꼼꼼하게 알아가는 어휘)'라는 학습 교재인데 교과서 속 자주 등장하는 필수 어휘 35개를 모아 만든 학습 자료입니다. 꼼알어휘는 [꾸꾸-학습자료-국어-초등-꼼알어휘 검색]에서 다운 받아 활용하실 수 있습니다.

그 중 첫 번째는 '구분하다'를 학습하기 위해 만화로 상황을 알아보고 비슷한 상황에서 적용할 수 있는 예, 그리고 반대말, 문장 속에서 어떻게 활용할 수 있는지에 대해 공부할 수 있도록 구성되어 있습니다. 하나의 단어를 자세하고 다양한 방법으로 제시하고 있습니다. 어휘의 난이도가 높지는 않지만 교과서를 이해하기 위한 필수 어휘입니다. 3-4학년 교실에서 아이들과 함께 사용해보면 좋을 것 같습니다.

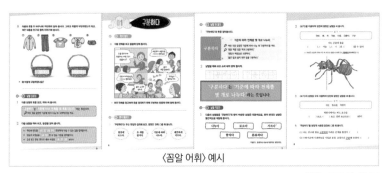

〈꼼알 어휘〉예시

출처 : 꾸꾸 홈페이지

교과서 속에서 학습해야 할 어휘를 알았지만 막상 그 어휘의 양이 많기도 하고, 매번 지도하기도 사실은 쉽지 않습니다. 교과서 속 어휘 지도를 어떻게 하면 좋을까요?

❶ 교실 환경 준비

■**물리적 환경 준비** : 교실에 국어사전을 모둠 수에 맞추어 5-6개 정도 상비해 둡니다. 학교 도서관을 활용하기도 하고 교사가 따로 구입하기도 합니다. 혹은 학생들이 준비 후 사물함에 넣어두고 다닐 수 있도록 합니다. 사전 수업은 3학년부터 6학년까지 매 학년 국어 교과에 있으므로 미리 준비해 두면 사용이 편리합니다.

■**정서적 환경 준비**: 아이들이 모르는 단어를 자신 있게 물어볼 수 있는 분위기 조성이 필요합니다. 이는 어휘를 위한 것뿐만 아니라 모든 수업에서 꼭 필요한 것입니다. 아이들이 모르는 것을 부끄러워하고 질문하지 않는다면 사실 교사도 아이들이 무엇을 알고 무엇을 모르는지 정확하게 판단할 수 없습니다. 아이들이 교과서 속에서 잘 모르는 단어를 찾으면

그것을 서로 공유할 수 있어야 합니다. 누구나 자신 있게 내가 모르는 단어를 말할 수 있는 분위기를 형성하기 위해 일부러 쉬운 단어부터 물어보는 것도 좋습니다. '이 단어도 어렵지 않아?' '들어본 것 같은 단어 말고 정확하게 말로 설명할 수 없으면 모르는 거야.'라고 이야기하면 아이들도 뜻을 정확하게 모르는 단어를 이야기하기 시작합니다.

❷ 수업 전 칠판에 적기

수업 전 학생들이 교과서를 읽고 나서 모르는 단어를 불러보도록 합니다. 아이들마다 차이가 있으므로 어떤 아이에게 쉬운 단어는 어떤 아이에게는 어렵기도 합니다. 간혹 칠판에 적은 단어를 보며 '그것도 모르냐?'는 식의 이야기를 하지 않도록 주의해야 합니다. 누구나 자유롭게 모르는 것을 솔직하게 말하도록 합니다. 처음에는 칠판 한가득 적게 될 것입니다.

❸ 유추하기

칠판에 적힌 단어의 뜻을 아이들에게 유추해보라고 합니다. 사실 이 단계는 무척이나 중요한 단계입니다. 앞으로도 아이들은 모든 단어를 다 알고 글을 읽는 경험보다 그렇지 않을 가능성이 더 높습니다. 모르는 단어가 나왔을 때 앞, 뒤 내용을 통해 '무슨 뜻일 것 같다'고 유추해보고 생각하는 힘을 길러주는 것이 필요합니다.

다른 활동으로, 내가 이미 알고 있는 비슷한 단어로 바꾸어 생각해 보는 것도 해볼 수 있습니다. 다른 단어를 넣어 글을 읽었을 때 어울리는지 살펴보는 것입니다. 이 유추 단계는 전체 아이들과 함께 진행해도 되고 모둠별로 혹은 짝활동으로 진행하셔도 됩니다. 한 아이가 아는 단어의 뜻을 유추하면 또 다른 아이가 아는 단어의 뜻을 유추해보며 서로가 알고 있는 배경 지식, 단어의 차이를 좁혀갈 수 있습니다.

❹ 사전 활용하기

유추 과정을 충분히 거친 다음에 그 중에서도 잘 모르겠다, 혹은 맞는지 확인해보고 싶다는 단어를 사전에서 직접 찾도록 합니다. 처음부터 모르는 단어를 바로 사전으로 찾아보는 것보다 스스로 먼저 생각해 보는 유추 과정을 거친 후에 사전을 활용하면 아이들이 적극적으로 참여하는 것이 가능합니다. 내가 유추한 것이 맞았나, 내가 비슷한 단어라고 생각한 것이 정말 뜻이 비슷한가 궁금하기 때문입니다.

앞서 말씀드린 것처럼 3-6학년 국어 교육과정에서는 매년 1회 이상의 사전 교육을 합니다. 특히, 3-4학년에서는 사전을 활용하는 방법에 대해 한 단원씩 할애해 사전 수업을 합니다. 국어 교과 한 단원에서 그치는 것이 아니라 교실 속에서 두고 어느 수업에서나 활용하도록 하는 것입니다.

❺ 나만의 단어장 만들기

국어사전에서 내가 모르는 단어의 뜻을 찾는 것도 의미 있는 활동이지만 더 나아가 '나만의 어휘 사전'을 만들어 그곳에 내가 새로 배우게 된 단어를 꾸준히 기록하는 것도 필요합니다. 공책 절반 크기의 노트에 각각 인덱스를 붙여 ㄱ부터 ㅎ까지 사전 형식으로 만들어도 좋고 앞에서

부터 알게 된 단어를 순서대로 적어도 상관없습니다. 자음 순서대로 적으면 더 좋겠지만, 매달 새로 배운 단어들을 확인하고 퀴즈를 진행할 때에는 알게 된 순서대로 적는 것이 조금 더 편합니다. 아이들이 자신의 사전을 만들 때 내가 새롭게 알게 된 단어를 파란색으로 좀 더 굵게 적고 뜻과 예문, 비슷한 말과 반대말도 적어보도록 합니다. 뜻을 적을 때 잘 이해하지 못하는 문장이나 말은 교사가 설명해주기도 하고 '기초 사전'을 활용하여 알려줍니다.

또한, 수업 중 이 활동을 하는 것이 어렵다면 모르는 단어를 이야기하고 유추하는 단계까지 진행하고 사전을 찾고 정리하는 활동은 과제로 제시하거나 혹은 인터넷 사전을 활용하여 저장하도록 하는 것도 하나의 방법이 될 수 있습니다.

온라인으로 사전을 활용할 경우 '한국어 기초 사전(https://krdict. korean.go.kr)'을 활용하는 것을 추천합니다. 한국어 기초 사전은 국립 국어원에서 발행한 사전인데 국립 국어원 표준 대사전과는 다르게 외국인들이 한국어를 학습하는데 사용하게 할 목적으로 만든 쉬운 국어사전입니다. 사전에 실린 단어도 표준 대사전이 50만 단어인데 비해 5만 단어로 상대적으로 적습니다. 그럼에도 추천하는 이유는 단어의 설명이 쉽고 예시가 비교적 더 자세히 나와 있어서 아이들이 이해하기 쉽다는 장점이 있습니다. 또한 우리말의 어휘가 초급, 중급, 고급과 같이 난이도별로 나와 있다는 것도 하나의 특징입니다. 외국인들이 '한국어'를 익히기 위해 알아야 할 어휘를 난이도별로 나눈 것인데 반대로 한국어가 모국어인 아이들에게도 난이도별로 어휘를 구별하고 학습하는데 편리할 수 있습니다. 또한 온라인으로 나만의 단어 사전 만들기를 할 수 있고 가정과 연계하여 지도하는 것도 가능합니다.

〈한국어 기초 사전 홈페이지〉

자세히 찾기 부분(등급별, 품사별, 주제별 검색 가능)

〈표준 대사전과 비교〉

〈나만의 단어장 사용 방법〉

출처 : 한국어 기초 사전 홈페이지

❻ 퀴즈로 복습하기

단원이 끝나거나 혹은 매 달 마지막 주 금요일처럼 일정한 시간을 정해 이달에 새로 배운 단어들을 가지고 단어 퀴즈 시간을 갖습니다. 모둠별로 스케치북을 하나씩 주고 새롭게 배운 단어를 적은 후 스피드 퀴즈로 진행하기도 하고 초성 퀴즈로 문제를 내고 맞추기도 합니다. 학생들이 스스로 교과서 속 단어를 말로 설명하고 맞추는 활동을 하며 이 단어를 말로 어떻게 설명해야 상대방이 잘 이해할 수 있을지에 대해 생각하다 보니 새로운 단어를 관심 있게 바라보고 이해하려고 노력하는 모습을 보이기도 합니다. 모둠별 퀴즈도 좋지만 짝끼리 서로 문제를 내고 맞추기, 모둠별로 진행자가 되어 전체 퀴즈를 진행하기 등 교실 상황에 맞추어 다양하게 변형하여 운영하는 것이 가능합니다.

읽는 즐거움 되살리기

읽는 즐거움을 되살리기 위해서는 교과서를 읽으면서 그 뜻을 이해하고 자주, 열심히 읽는 연습이 중요합니다. 간혹, 오늘 배울 내용을 먼저 읽어보라고 하면 금방 읽고 나서 교사가 묻는 말에 하나도 대답을 하지 못하기도 합니다. 또는 교과서를 돌아가며 한 줄씩 읽는 활동을 할 때 정확한 어절 단위로 끊어 읽지 못하는 모습을 보이기도 합니다.

4단계 교과서 읽기 지도법

1~2학년 아이들이 이제 막 한글을 배울 때처럼 한 글자 한 글자 읽는데 집중하느라 글씨는 읽고 그 뜻은 전혀 이해하지 못하는 상황이 발생하기도 합니다. 또, 마음은 빨리 읽고 싶은데 소리는 잘 나오지 않아 자꾸

소리가 꼬이고 교과서 내용과 다른 단어를 내뱉기도 합니다. 교과서도 꼼꼼하게 그 뜻을 이해하며 읽도록 지도해야 합니다. 그러기 위해서 아이들이 4단계에 걸쳐 교과서를 읽을 수 있도록 지도하면 좋습니다.

❶ 훑어 읽기

훑어 읽기는 눈으로 교과서를 훑어 읽는 것입니다. 오늘 배울 내용을 쭉 훑어보면서 대강의 내용과 흐름을 확인합니다. 이때는 소리를 내지도 않고 꼼꼼하게 읽지 않아도 됩니다. 보통 수업 전에 미리 '몇 쪽부터 몇 쪽까지 읽어보세요'라고 이야기 할 때 해당하는 것이 이 단계입니다.

❷ 모르는 단어 표시하기

그런데 훑어 읽기까지만 하면 내용을 이해하는데 분명히 한계가 있습니다. 그래서 두 번째 읽을 때에는 모르는 단어를 따로 표시하며 읽어보라고 합니다. 처음 읽었을 때 전체적으로 배우는 내용에 대한 감을 잡았다면 이제는 다시 읽어보며 내가 정확하게 알지 못하는 단어를 표시하는데 집중합니다. 이때 단어를 두 가지로 구별하여 표시하도록 합니다. 아예 처음 듣는 것 같은 단어를 빨간색으로 표시한다면 앞뒤 내용으로 대략 무슨 뜻인지 유추 가능한 단어는 파란색으로 표시하거나, 동그라미 하나, 동그라미 두 개처럼 모양으로 구분하는 것입니다. 유추 가능한 단어는 아래에 그 뜻을 미리 유추하여 적어보도록 지도합니다.

국어과 5학년 2학기 7단원 '중요한 내용을 요약해요'에서 내가 모르는 단어를 앞, 뒤 문맥의 흐름을 보고 이미 알고 있는 단어로 교체해

보고 뜻이 통하는지 확인하는 활동을 합니다. 이런 활동을 모든 교과에 적용해보고 스스로 모르는 단어의 뜻을 유추해보도록 하는 것입니다. 개인 유추, 짝끼리 유추, 모둠, 전체로 더 많은 아이들과 이야기 나누며 유추해보도록 합니다.

이 과정에서 아이들끼리 서로 알게 되고 또 의견이 분분해지는 단어가 있으면 교실에 두었던 사전을 활용하기도 합니다. 결국 교사는 생각해 볼 기회를 주고, 친구들과 충분히 이야기 할 수 있는 시간을 주는 것입니다. 이렇게 하면 교사가 교과서를 설명할 때 아이들의 이해가 훨씬 쉬워지기 때문에 적극적으로 참여하는 모습을 볼 수 있습니다.

❸ 천천히 소리 내어 또박또박 읽기

세 번째 읽을 때에는 소리 내어 읽는 것입니다. 큰 소리로 읽는 것이 어려운 경우라면 손가락으로 내가 읽는 부분을 가리키며 나의 목소리가 내 귀에 들릴 정도의 크기로 읽도록 합니다. 소리 내어 읽는 과정이 꼭 필요한 이유는 소리 내어 읽는 것과 눈으로 읽는 것은 전혀 다른 작업이기 때문입니다. 소리 내어 읽는 것은 글에 대한 집중도를 높이며 자신의 소리를 들으며 글의 내용을 이해하는 것입니다. 독해에 대한 정확성을 높일 수 있는 방법이고 소리 내어 읽는 연습을 통해 의미의 단위별로 읽는 연습을 할 수 있으며, 또 글의 의미를 파악하기도 쉬워집니다. 그러므로 꼭 소리 내어 천천히 읽는 것을 지도합니다. 한 문장씩 돌아가며 전체를 대상으로 읽어보기도 하고, 짝과 번갈아 한 문장씩 읽도록 해 봅니다. 스스로 작은 소리로 중얼거리듯이 소리 내어 읽어보는 것도 좋습니다.

그런데 이렇게 읽기 활동을 진행하다 보면 소리 내어 읽는 것에 어려움을 느끼는 아이들이 있습니다. 당연한 이야기지만 많이 읽어보아야 잘 읽을 수 있습니다. 이런 아이들은 읽기 경험이 많지 않은 것이기 때문에 기능적인 훈련이 필요합니다. 우선 읽어야 하는 분량을 줄여 작은 성공을 맛보게 하고 같은 부분을 반복해서 읽어보도록 합니다. 또 한 가지 방법은 아이가 읽는 것을 녹음한 후 스스로 듣고 피드백 하는 것입니다. 내가 읽는 소리를 들어보면 교사가 말하기 이전에 부족한 부분을 파악할 수 있습니다.

❹ 읽은 내용 표현하기

이 활동은 수업이 끝난 이후에 오늘 배운 내용을 스스로 재구성하여 표현해 보는 것입니다. 아이들이 글을 읽고 이해한 후 얼마나 내 것으로 만들어 표현할 수 있는지를 확인하기 위한 활동입니다. 아이들은 몇 번을 반복해서 읽고 내용을 이해했다 하더라도 중요한 단어들을 나만의 방법으로 구조화시켜서 표현하는 것은 어려워합니다. 교과의 내용 중 중요도를 파악하기 어렵고 글의 내용을 요약하는 과정을 어려워하기 때문입니다.

처음에는 쉽지 않은 이 단계를 몇 번 진행하다보면 아이들이 교과서를 읽을 때 중요한 부분이 무엇이고 자주 등장하는 단어 간의 관계가 어떠한지 파악하며 읽기 시작합니다. 모든 교과서의 글을 평면으로 느끼는 것이 아니라 좀 더 입체적으로 느끼는 것입니다.

이와 같은 방법으로 교과서 읽기를 진행하는데 유독 읽기에 어려움을 느끼는 학생이 있다면 보충 지도 교재를 활용하는 것도 가능합니다. 3-4학년의 경우 '도담도담 술술 읽기'라는 읽기 학습 전략 활용 프로그램 교재를 활용할 수 있습니다. [꾸꾸-학습자료-국어-3학년]에서 다운받아 활용할 수 있습니다. 동화책에 기반을 둔 보충자료로 학생용 워크북과 교사용 매뉴얼을 함께 받아 활용이 가능합니다.

또한, 3-6학년의 경우 '읽는 즐거움 쓰는 재미'라는 자료도 있습니다. 진단 활동, 1단계 눈에 쏙쏙, 2단계 입에 술술, 3단계 생각 통통으로 나누어져 있는데 기본적인 단어 익히기 활동과 짧은 글을 소리 내어 읽고 각 회마다 읽는 시간을 기록하는 활동도 있습니다. 읽고 이해하기 활동을 지도하기에 도움이 되는 자료입니다.

〈도담도담 술술 학생용 워크북〉 예시   〈읽는 즐거움, 쓰는 재미 워크북〉 예시

출처 : 꾸꾸 홈페이지

함께 읽는 즐거움, 온 책 읽기

학생들의 문해력을 높이기 위해 가장 효과적인 방법은 글을 읽는 것이 재미있다는 경험을 할 수 있는 기회를 제공하는 것입니다. 재미있어야 읽고 또 많이 읽어봐야 잘 읽는 것은 당연합니다. 교과서를 잘 읽는 것도 중요하지만 그러기 위해서는 우선 읽는 것에 대해 거부감 없이 다양한 책을 읽어야 합니다. 다양한 책을 접하고 스스로 읽고 즐겁다는 것을 느끼면 좋은데 학생들의 개인 선택에 두기에는 개인차가 참 큽니다. 어떤 학생은 즐거운 책 읽기가 계속 선순환되어 더 많은 책을 읽지만 또 어떤 학생은 하루에 한 번도 책을 읽지 않기도 하니까요. 교과서 이외에도 다양한 책을 읽고 즐거움을 느끼는 경험들이 하나씩 쌓이다 보면 새로운 글을 만났을 때 오는 두려움이나 회피하는 현상이 줄어들 것입니다. 다행히 초등학교 3학년 이상부터는 국어 교육과정 안에 독서 단원을 통해 책을 읽고 이야기를 나눌 수 있는 시간이 할애되어 있습니다. 학교에서 이 시간을 이용하여 함께 책을 깊이 읽는 경험을 꾸준히 쌓아간다면 읽기의 즐거움을 깨우칠 것입니다.

아이들의 경험과 맞닿아 있는 이야기 한 권을 읽고 교실 속에서 공유하는 것은 나 혼자 읽는 책 읽기와는 또 다른 경험이 될 것입니다. 온 책 읽기는 운영하는 방법이 정해져 있는 것은 아니지만 책 한 권을 오롯이 읽는 것만은 동일합니다. 재미있는 책 한 권을 선정하여 학급 모두 함께 읽기도 하고, 개인이 선택하여 읽은 책을 토대로 서로의 경험을 나누기도 합니다. 저는 학급에서 보통 같은 책을 함께 읽습니다. 이 시간을 이용하여 소리 내어 돌아가며 읽기도 합니다. 한 시간에 한 두 챕터 정도 함께 읽고 그 내용을 토대로 아이들과 함께 이야기를 나눕니다. 나 혼자 읽으면 끝까지 읽지 못하는 내용도 중간 중간 아이들과 이야기를 나누다 보면 내 생각이 확장되기도 하고 이해하지 못했던 부분들도 더 깊이 이해하며 읽게 될 것입니다. 아이들은 읽은 내용을 통해 경험을 공유하고 나와 연결하는 과정을 무척 즐깁니다. 재미있게 읽고 깊이 있게 이해한 경험을 온 책 읽기를 통해서 꾸준히 제공하는 것이 아이의 읽는 즐거움을 깨우는 일이라고 생각합니다.

생각 표현을 돕는 어휘력과 글쓰기

🔍 어휘력으로 학습 격차 줄이기

학습 격차가 벌어졌다고 하면서 가장 많이 이야기되고 있는 것이 학생들의 '문해력'입니다. 문해력의 차이가 학습의 차이를 가지고 옵니다. 읽고 이해할 수 있는 능력은 공부를 하기 위한 기초 학습 능력이자 기초 체력이라고 할 수 있습니다. 글이나 말을 읽고 이해하는 것으로부터 학습은 시작됩니다. 학생들의 학습 격차를 줄이기 위해 가장 노력해야할 부분 중 하나는 아이들의 학습 기초 체력을 길러주는 것부터 시작해야 합니다. 그리고 그 문해력의 가장 바탕에는 '어휘력'이 있습니다. 글을 구성하는 '어휘'를 얼마큼 알고 활용할 수 있느냐, 잘 알지 못하는 어휘를 어떻게 유추하며 글을 읽을 수 있느냐는 교과서를 읽고 이해하는 것부터 모든 글의 이해도와 관련이 있습니다. 그러므로 교과서를 잘 읽고 이해하는 것에 우선 중점을 두었다면 그 이외의 글에서도 충분히 읽고 이해할 수 있도록 어휘력을 향상시키기 위하여 노력해야 합니다.

어휘력을 높이는 말놀이 BEST 3

교실 속에서 아이들의 어휘력을 높이기 위해서 말놀이를 활용할 수 있습니다. 2학년 1학기 국어 4단원 '말놀이를 해요'에서 다양한 말놀이를 배우기도 합니다. 아이들은 무엇이든지 놀이를 통해서 배우는 것을 좋아합니다. 놀이는 암묵적 학습, 즉 내가 지금 공부를 하고 있다는 것을 의식하지 않고 즐겁게 참여하면서 학습 능력의 향상을 가져옵니다. 말놀이는 2학년 국어 시간 이외에도 사회나 과학 시간에 교과서를 읽고 단원을 정리하는 과정에서 혹은 단원을 시작하기 전에 전체 내용을 개관하기 위해 활용하기도 합니다. 특히, 고학년의 경우 사회나 과학 과목에서 나오는 어휘들이 아이들에게 생소하고 어려운 경우가 많아 말놀이로 익숙해지도록 활용하는 경우도 많습니다. 교과서와 관련된 어휘를 가지고 하기도 하지만 수업 끝나고 시간이 남을 때 혹은 창의적 체험활동 시간에 말놀이 시간을 마련하여 놀이를 진행하기도 합니다. 고학년 아이들의 말놀이도 저학년과 별로 다르지 않습니다. 다만, 아이들의 참여 수준에 따라 규칙을 조금 조정하거나 난이도를 높이는 방법으로 운영할 수 있습니다.

❶ 끝말잇기

가장 대표적인 말놀이입니다. 그런데 고학년 아이들과 끝말잇기를 하다 보면 굉장히 어려운 단어, 끝말잇기를 이기기 위한 단어를 사용하여 게임을 바로 끝내는 경우가 있습니다. 그래서 끝말잇기를 빨리 끝낼 수 있는 어려운 단어를 검색하고 공유하기도 합니다. 아이들이 말놀이의 즐거움을 즐기기보다 그 놀이에서 이기는 것에 대한 욕구가 더 강하고 중요하다고 생각하기 때문입니다. 그래서 고학년 학생들과 말놀이를 시작하기 전에 이 놀이의 목표에 대해서 다시 한 번 이야기 해주는 과정이 필요합니다. 누군가를 이기는 것이 목적이 아니라 새로운 어휘를 자꾸 생각해보는 것이 목적이기 때문에 되도록 길게 해보자고 말입니다.

이렇게 교사가 먼저 이야기를 해 주는 것만으로도 놀이를 할 때 이기기 위해 애쓰는 모습이 많이 줄어드는데, 이럴 때 아이들이 참 귀엽습니다. 그리고 아이들이 일반적인 끝말잇기가 익숙해지면 조금 변형하여 난이도를 높일 수 있습니다. 규칙 변형은 아래와 같은 방법으로 가능합니다.

예시	
글자수 제한	강아지- 지우개- 개울가- 가로등
주제 제한(직업)	의사-사육사-사진작가-가수-수의사
첫 말 잇기	가위-가방-가뭄-가랑비
중간 말 잇기	원고지-고사리-사다리-다문화-문어발-어머니

❷ 시장에 가면

시장에 가면 놀이도 많이 알고 계시는 놀이일 것입니다. '시장에 가면 무엇이 있고, 무엇이 있고'라고 말하며 말을 이어 나가는 놀이입니다. 이 놀이의 특징은 특정 장소나 주제를 정해 그 분야에 대한 어휘를 확장할 수 있다는 것입니다.

아이들과 글쓰기 이전에 생각을 확장하기 위해 사용하는 '브레인스토밍' 방법을 아이들과 함께 말놀이로 연결할 때 저는 보통 이 방법을 활용합니다. 예를 들어 국어 5학년 1학기 8단원 '아는 것과 새롭게 아는 것'이라는 단원에서는 자신이 알고 있는 것을 활용하여 글을 읽는 방법에 대해 배웁니다. 읽기 지문이 '전통 악기'에 대한 것이고 글을 읽기 전에 '전통 악기'에 대해서 적어보는 활동이 있습니다. 이렇게 한 주제에 여러 단어를 다양하게 꺼낼 필요가 있을 때 반 아이들이 모두 참여할 수 있는 방법으로 말놀이를 활용합니다. 말이 어색하기는 하지만 '전통 악기에는'으로 놀이를 시작하면 '단소가 있고' '가야금이 있고' '아쟁이 있고'와 같이 말놀이를 이어갑니다. 교과서에 개인의 경험을 적어보고 떠올리는 것보다 말놀이를 통해 경험을 떠올리는 활동이 아이들을 더 적극적으로 활동하도록 돕습니다.

또한 나의 배경 지식을 떠올리고 친구들과 이야기 하는 과정에서 잘 알지 못했던 배경 지식도 함께 배울 수 있다는 것이 장점입니다. 놀이를 진행할 때에는 모두 함께 4박자를 맞추어 손장단을 하며 한 명씩 '무엇이 있고'를 이야기합니다. 전체 학생들이 한 바퀴 도는 것까지 너무 오랜 시간이 걸려 놀이가 느슨해질 것 같으면 모둠 안에서 먼저 놀이를 해 본 이후 어느 정도 악기에 대한 이야기가 나온 다음에 전체로 진행하면 놀이가 끊기는 경우가 좀 덜 합니다. 아이들이 이야기하는 악기를 교사는 칠판에 하나씩 하나씩 적어가며 시각화 시켜둡니다. 함께하는 브레인스토밍, 말로 하는 브레인스토밍 과정이라고 생각하면 편할 것 같습니다. 더불어 원래 놀이에서는 앞 단어를 연결하여 계속 이야기하도록 하지만 이런 방법으로 사용할 때에는 첫 단어부터 연결하지 않고 그냥 하나의 새로운 단어를 말하는 것으로 합니다. 이 말놀이의 목적은 '주제'와 관련된 단어를 많이 꺼낼 수 있도록 두는 것인데 '암기'까지 함께 하는 경우 많은 어휘가 나오기 어렵기 때문입니다. 국어 읽기 지문을 읽기 전 혹은 체험 학습을 다녀와서 그 곳에서 본 것을 떠올리는 방법, 감정에 대한 이야기를 하는데 단어가 한정적일 경우 먼저 감정을 표현하는 단어를 생각해 보고 이와 같은 말놀이로 연결 지을 수 있습니다.

'시장에 가면'을 활용하는 두 번째 방법은 사회나 과학 과목의 단원이 끝나고 단원 마무리하는 방법으로 사용합니다. 전체 단원이 아니라 소단원 하나가 끝났을 때도 말놀이로 단원의 내용을 복습할 수 있습니다. '눈'으로 확인하는 것보다 '말'로 뱉는 것. '글'로 쓰는 것이 배운 내용을 기억하기에 효과적이기 때문입니다. 예를 들어 5학년 1학기 사회 1단원의 '1. 우리 국토의 위치와 영역'을 활용해 '우리 국토의 위치와 영역에 가면'으로 놀이를 시작하는 것입니다. 그럼 첫 번째 친구가 '영토가 있고'라고 하면 다음 친구는 '영토도 있고, 영공도 있고'와 같이 연결해서 진행할 수도 있고 앞에서 말한 친구의 단어는 연결하지 않고 겹치지 않도록 한 단어 말하기로 놀이를 이어갈 수 있습니다. 이것은 첫 번째 '주제'에 대한 다양한 어휘를 말하는 것과는 다르게 복습하는 것이기 때문에 앞 단어를 기억해서 연결하면 좋지만 사실 이렇게 진행하면 10단계를 넘기기가 어렵습니다. 그래서 직접 아이들과 해 보고 적당히 규칙을 변형하셔서 사용하시면 됩니다. 교과서에서 중요하다고 생각하는 단어를 기억하고 다른 친구와 겹치지 않도록 말을 해 보는 활동이 중요합니다. 전체로 진행을 하다가 어느 정도 익숙해지면 모둠, 짝과 함께 진행합니다. 말놀이를 통해 그 단원에서 배워야 할 중요한 개념어가 무엇이었는지를 다시 생각해보고 자꾸 말로 해 보는 것입니다. 다른 과목의 복습 방법으로도 모두 사용 가능하지만 고학년의 경우 사회, 과학 과목에서 배우는 어휘를 어려워해서 교과서 내용을 어려워하는 경우를 많이 보기 때문에 특히 이 두 과목에서 말놀이 복습 방법을 활용합니다.

5학년 사회과 인권, 지리, 역사, 6학년도 정치 분야의 내용이 나오면서 아이들이 평소 접하지 않았던 단어들 때문에 더 어렵게 내용을 받아들입니다. 꼭 소단원이 끝나지 않아도 매 차시가 끝나고 돌아가며 배운 내용 중 기억나는 한 단어 말하기로 진행하는 것도 가능합니다.

❸ 가로세로 낱말 퍼즐

마지막으로 소개할 말놀이는 가로세로 낱말 퍼즐입니다. 보통 신문 한 켠에 나와 있는 가로 낱말, 세로 낱말 맞추는 퍼즐을 보신 적이 있으시지요? 이 놀이 또한 어휘력을 키우는데 효과적인 방법입니다. 서울의 경우 '내 친구 서울'이라고 지자체에서 두 달에 한 번 발행하는 어린이 신문이 있습니다. 보통 학교로 와서 3-6학년 학생들에게 나누어주는데 이 신문 맨 뒷장에 항상 가로세로 낱말 퍼즐이 있습니다. 신문을 천천히 읽고 뒤에 있는 낱말 퍼즐을 푸는 것입니다. 신문의 내용 속에 있던 단어가 있기도 하고 평소 우리가 쓰는 단어도 함께 섞여있는 낱말 퍼즐입니다. 이 신문의 경우 신문 내용을 정확하게 이해했는지를 파악하면서, 전달하고자 하는 중심 단어는 뒤에 다시 퍼즐로 제시합니다. '내 친구 서울 홈페이지'에 가면 서울 시민이 아니더라도 누구나 가로 세로 낱말 퍼즐을 다운 받아 활용하실 수 있습니다. 사실 가로 세로 낱말 퍼즐을 추천하는 이유는 아이들이 스스로 낱말 퍼즐을 만들어 보는 활동을 해 보도록 하기 위해서입니다. 고학년의 경우 아이들이 수업 속에서 배운 단어를 스스로 낱말 퍼즐을 만들어볼 수 있습니다.

〈내 친구 서울- 낱말 익히기〉

우선 만들고 싶은 가로 단어와 세로 단어를 고릅니다. 처음에는 가로 낱말 3-4개, 세로 낱말 3-4개 정도로 적은 단어의 수부터 시작합니다. 그런데 단어를 고를 때, 가로 단어와 세로 단어 사이에는 연결되는 글자가 있어야 합니다. 예를 들어 가로 단어에 '삼계탕'이라고 하면 세로 단어에는 삼, 계, 탕 중 하나의 단어가 만나는 '삼일절' '계곡' '목욕탕'과 같은 단어를 짝으로 생각하는 것입니다.

가로 단어와 세로 단어의 짝을 지어 3-4쌍을 만든 이후 글자 수에 맞게 네모 칸을 만듭니다. 다른 가로 세로 낱말이 모두 들어갈 수 있도록 한 쪽 끝부터 네모 칸을 계산해 표시해둡니다. 이 때 교사는 가로 세로 15칸-20칸 정도의 격자 모양 종이를 출력하여 나누어주면 활동하기가 좀 더 쉽습니다. 처음에는 연필로 가로 단어와 세로 단어의 위치를 대략적으로 표시해보고 전체 단어가 모두 종이 안에 다 들어가면 좀 더 굵게 표시합니다.

가로와 세로 낱말의 번호를 붙이고 그 단어를 맞힐 수 있도록 아래쪽에 힌트를 적어 넣습니다. 힌트를 쓰기 위해 아이들은 사전을 활용해도 되고 예문을 통해 혹은 비슷한 말이나 반대말을 활용하여 힌트를 줄 수 있습니다.

고학년 아이들과 할 수 있는 말놀이 중 가장 난이도는 어렵지만 스스로 퍼즐을 만들 수 있다는 사실에 아이들은 뿌듯해합니다. 다 만든 이후에 친구들이 만든 가로세로 낱말 퍼즐을 번갈아 풀어보고 답을 맞춰봅니다. 같은 주제로 퍼즐 만들기를 해도 아이들이 생각하는 단어와 설명하는 방법이 모두 다릅니다. 단어에 대한 힌트를 정확하게 주어야 다른 친구들이 그 문제를 맞힐 수가 있습니다. 처음에는 사전 속의 뜻을 그대로 적기도 하지만 몇 번 반복하여 퍼즐을 만들다 보면 어떻게 해야 친구들이 좀 더 이해하기 쉽고 정확한 힌트를 낼 수 있는지에 대해 스스로 학습을 합니다. 친구에게 단어를 잘 설명하기 위해 애쓰는 모습이 보이는데 그 과정 속에서 아이들은 어휘에 대한 이해를 좀 더 깊이 할 수 있습니다.

◆ 가로세로 퍼즐 만들기 ◆

책이름	공짱이름 먼느다고?		책이름	이상한 꿈	
지은이	유다정	얼마나 재미있었나요? ☆☆☆☆☆	지은이	이아머	얼마나 재미있었나요? ☆☆☆☆☆

◆ 책에 나오는 주인공의 이름 또는 단어들을 활용하여 가로 열쇠와 세로 열쇠의 문제를 만들어 보세요. □안에 가로, 세로의 번호와 정답을 쓰고 답이 아닌 부분에는 까맣게 칠하거나 그림을 그려 넣으세요.

<가로열쇠>

1. 붉게 익은 고추를 말려서 낸 빨간 가루
2. 굴과개로 띄운 장
3. 장식으로 손가락에 끼는 고리
4. 예수의 인격과 고훈을 중 심으로 하는 종교
5.

<세로열쇠>

1. 붉은 빛깔의 매운 장
2. 이런저런 여러 가지
3. 초등학교의 옛 이름
4. 대한민국의 국기
5.

◆ 책에 나오는 주인공의 이름 또는 단어들을 활용하여 가로 열쇠와 세로 열쇠의 문제를 만들어 보세요. □안에 가로, 세로의 번호와 정답을 쓰고 답이 아닌 부분에는 까맣게 칠하거나 그림을 그려 넣으세요.

<가로열쇠>

1. 과거나 미래로 시간여행을 가능 하게 한다는 거겨
2. '어린아이'를 더겁하거나 귀여운 갖추어 이르는 말
3. 받은 9째들은 였지않아서 나눈 최래간 냄새
4. 력겁고 애조개는 냄새
5.

<세로열쇠>

1. 자동차나 자전거 따 퀴의 어귀 굴들에 커누는 더
2. 밖에 신는 물건
3. 음식을 꿇어가 닀는데 쓰는 도구
4. 겨울에 안죽에 몸에 시겁 닿게 압는 옷
5. 쌀에 툭툭 닳어 귀하여 지록 고은
6. 것으로 만든 첫구의 나비

〈가로세로 낱말 퍼즐 만들기〉 예시 자료

말놀이 지도하는 법

말놀이를 해보면 아이들 간의 어휘력 차이가 확연하게 느껴집니다. 그래서 말놀이가 아이들 간의 실력 대결이 되지 않도록 유의해야 합니다. 즐거운 놀이가 아니라 보이지 않는 경쟁과 시험이 되어 버린 순간 아이들은 입을 다물고 참여를 하지 않게 됩니다. 처음 말놀이를 지도할 때에는 몇 번의 단계에 걸쳐 말놀이를 지도합니다.

❶ 선생님과 아이들 전체의 대결

처음 말놀이는 선생님과 아이들 전체의 대결로 시작합니다. 끝말잇기를 시작할 때에도 교사가 한 단어를 말하면 나머지 아이들 중 한 명이 교사

의 단어를 잇는 식으로 진행합니다. 이때도 학생당 말할 수 있는 기회를 한 번으로 제한하면 잘하는 몇 명이 계속 이야기하지 않고 고루 기회가 돌아갑니다. 이런 방법을 통하여 교실에서 상대적으로 부끄러움이 많고 내성적인 아이, 말놀이에 자신이 없는 아이들은 선생님과 우리 반 친구들이 진행하는 끝말잇기를 보면서 하는 방법을 익히고 연결되는 단어들을 듣는 연습이 됩니다.

❷ 선생님과 모둠별 대결

전체와의 대결이 익숙해지면 선생님과 모둠별 대결로 진행할 수 있습니다. 전체와 대결할 때보다 학생 입장에서는 순서가 더 자주 돌아오기 때문에 생각해야 할 단어가 더욱 많습니다. 교사가 한 단어를 던지면 1모둠에서 한 단어를 이어 말하고, 그것을 교사가 다시 이어 말한다면 2모둠에서 또 이어 말하는 식으로 진행합니다. 모둠 속에서는 아이들끼리 협의하여 단어를 알려주어도 상관없지만 발표를 할 때에는 모둠에서 한 명만 맡아 이야기하지 않도록 하는게 좋습니다. 놀이에 자신이 없고 소극적인 아이들을 친구의 도움으로 놀이에 점점 익숙해지도록 만드는 과정입니다.

❸ 모둠 안에서 짝별 대결(2:2)

모둠 대결까지 한 이후에 모둠 안에서 두 명씩 팀을 이루어 말놀이를 진행해 봅니다. 그러면 내가 답을 말하지 못해도 내 짝이 말을 할 수 있으니 대답의 기회를 나누어 가질 수 있습니다.

❹ 짝과 짝 대결

마지막 단계가 1:1로 짝과 함께 진행하는 말놀이입니다. 아이들이 직접 놀이에 참여하기 이전에 여러 명과 함께 팀을 이루어 놀이를 보고 배울 수 있는 기회를 주는 것이 필요합니다. 어휘력이 좋은 친구, 잘하는 친구에게는 바로 짝 대결을 해도 큰 어려움이 없지만 어떤 단어를 해야 할지 몰라 어려운 아이들에게는 보고 듣고 생각해볼 수 있는 기회를 충분히 준 이후 1:1의 말놀이를 하도록 하는 것이 좋습니다. 놀이의 방법을 정확하게 이해하고 준비할 시간을 주고 스스로 할 수 있을 것 같다는 생각이 들 때까지 기다리는 것입니다.

　모든 아이들은 항상 다 잘하고 싶은 마음이 있습니다. 특히 놀이라면 더욱 그렇습니다. 나도 잘 할 수 있겠다는 생각이 들 때까지 단계적으로 준비할 수 있도록 워밍업의 시간을 주는 게 좋습니다. 자신 없고 어휘력이 부족한 아이들도 적극적으로 말놀이에 참여할 수 있도록 만드는 가장 좋은 방법입니다.

생각을 키우는 힘, 글쓰기

교과서 학습과 어휘력 관련 내용은 내 생각을 잘 표현하기 위한 하나의 준비 과정이라고 할 수 있습니다. 아이들은 수동적으로 받아들이는 학습자에서 더 나아가 적극적으로 배움을 구성하는 학습자가 되어야 합니다. 이런 기초 능력들을 토대로 결국은 스스로 생각을 표현할 수 있도록 하여야 하는데 교실 속에서 이런 표현활동을 지도하기가 참 어렵습니다.

특히 아이들과 글쓰기 활동을 진행할 때 느끼는 가장 큰 어려움은 글쓰기 자체를 좋아하지 않아 시작이 어렵다는 것입니다.

조금씩, 꾸준히 글쓰기

왜 아이들은 글쓰기를 싫어할까요? 사실 아이들은 어렸을 때 누가 시키지 않아도 낙서를 하고 작은 쪽지에 하트 하나 그려서 선생님께 주기도 합니다. 아마 저학년을 맡으신 선생님께서는 누구나 색종이에 쓴 사랑 고백 받아 보셨을 것입니다. 사실 자신의 생각을 표현하려고 하는 것은 본능에 가까운 일입니다. 그럼에도 아이들이 점점 더 쓰는 것을 싫어하는 이유는 어느 순간 자신의 글이 비교되고 평가된다는 것을 깨닫고 글쓰기를 꺼려하기 때문입니다. 잘 쓰고 싶은데 그것이 부담스럽기도 하고 어떻게 하는지도 모르겠고 또 어쩌다 쓴 글이 본인 스스로도 마음에 들지 않기 때문입니다.

그렇다면 아이들이 본래 가지고 있는 표현 욕구를 되살려주는 것은 생각보다 쉬울 수 있습니다. 평가받지 않는 글, 비교되지 않는 글을 쓰도록 하는 것입니다. 누군가에게 보여주기 위한 글이 아니라 아이들 스스로 자연스레 쓰고, 쓰는 행동을 통해 생각이 정리되고 스트레스가 해소될 수 있는 글쓰기를 시작하는 것입니다. 아이들 스스로 '글을 쓴다는 것이 이렇게나 즐겁구나'라는 것을 경험하도록 하는 것입니다. 오직 스스로를 위한 글쓰기를 시작하는 것이 글쓰기와 친해지는 첫 번째 단계라고 생각합니다.

〈초등 참사랑〉을 운영하시는 이영근 선생님은 그런 의미에서 '글똥누기'라고 말씀하십니다. 글쓰기를 하나의 배설로 보는 것입니다. 똥과 글쓰기의 공통점은 잘 관찰해야하고, 잘 살아야 하고, 그리고 배출하고 나면 기분이 좋다는 것입니다. 교실 속에서 글똥누기를 지도하고 계시는 선생님이 많으실 것입니다.

이와 비슷하게 저는 아이들과 날마다 아침에 세 줄 쓰기를 함께 하고 있습니다. 세 줄 쓰기의 장점은 매일 쓸 수 있다, 세 줄이기 때문에 글쓰기의 부담이 적다, 주제가 정해져 있는 글쓰기이다, 간단한 주제에 대한 내 생각과 이유를 적는 활동을 통해 글쓰기에 대한 기본적인 연습을 할 수 있다는 것입니다.

세 줄 쓰기 활동 방법을 조금 더 구체적으로 이야기하면 우선, 글쓰기의 주제를 정합니다. 같은 주제로 반 아이들이 모두 함께 글을 쓰는 것입니다. 글쓰기의 주제는 아이들의 생활 경험과 가장 밀접한 주제를 고르는 것이 좋습니다. 누구나 그 주제에 대해 한 두 마디 정도는 할 수 있는 주제를 말합니다. 저는 학급이나 학교에서 있었던 행사나 사건을 주제로 하거나 봄, 어린이날, 방학과 같이 어떤 시기가 다가오면 그것과 관련된 주제를 정합니다. 간혹 주제가 생각나지 않을 때에는 아이들에게 생각나는 주제나 하고 싶은 주제를 물어봐 함께 정하기도 합니다. 또는 '줌 수업 중 지켜야 할 예절은 무엇일까?', '전면 등교에 대한 내 생각과 이유'와 같은 주제를 쓰기도 합니다. 세 줄을 쓴다는 것 때문인지 아이들은 부담 없이 글쓰기를 지속하고, 날마다 쓰다 보니 어떤 날 빼 먹으면 '선생님~ 오늘 글쓰기 안했어요' 하며 조르기도 합니다. 사실, 세 줄이라고 정했지만 아이들이 쓰고 싶은 이야기가 많으면 그 보다 훨씬 더 많은 양의 글을 쓰기도 합니다.

세 줄 쓰기를 한 이후에도 아이들이 자발적으로 자신의 글을 보여주는 것이 아니면 따로 보거나 평가하지 않습니다. 그냥 자신의 생각을 표현할 수 있도록 기회를 제공하는 것까지만 합니다. 더 좋은 글을 쓰기 위해서 어떻게 해야 하는지에 대한 첨삭, 조언은 하지 않습니다. 이 활동의 목적은 아이들이 자신의 생각을 글로 쓸 때의 기쁨과 즐거움을 느끼게 하는 데에 있습니다. 그래서 아이들이 흥미 있어 하는 주제, 관심 많은 주제를 고르는데 가장 많은 신경을 씁니다. 따로 글쓰기 지도를 하지는 않지만 글을 쓴 이후에 스스로 작은 목소리로 읽어보라고 합니다. 스스로 자신의 글을 검토하여 잘못 쓴 글자나 의미가 통하지 않는 부분이 있는지 점검할 기회를 주는 것입니다.

체험 학습을 다녀와서도, 학급에서 작은 사건이 있어도 교실에서 일어나는 많은 일들을 이 세 줄 쓰기와 연결합니다. 함께 경험하고 활동한 내용은 반드시 글쓰기와 연결하려고 노력합니다.

아이들과 쓴 글쓰기 주제는 주말에 겪은 일, 내가 좋아하는 과자, 듣기 싫은 잔소리, 만들고 싶은 상상 속의 요리, 환경을 보호하기 위해 내가 하고 있는 일과 같이 아이의 생각을 묻거나 아이가 직접 겪은 일과 연결된 것입니다.

아침 시간에 이 세 줄 쓰기의 주제를 정하고 다 쓰기까지 많은 시간이 걸리지는 않습니다. 이 글쓰기의 포인트는 잘 쓰는 것이 아니니 아무 말이나 써도 상관없는 것입니다. 그런데 이렇게 두어도 어느 시간이 지나면 아이들 스스로 표현하고 싶어 하는 욕구가 되살아남을 느낍니다. 검사하지 않아도 스스로 내가 하고 싶은 말을 자연스레 쓸 수 있다면 그것으로 이 활동의 목표는 달성되는 셈입니다.

함께 읽고 쓰는 힘, 필사

세 줄 쓰기 활동이 편하게 꾸준히 쓰면서 내 생각을 표현하는 것에 중점을 두었다면 필사 활동은 좋은 문장, 정제된 문장을 꾸준히 익히고 살펴볼 수 있는 기회를 제공하는 것이 목적입니다. 필사를 통해 그냥 한 번 읽고 지나갈 문장을 좀 더 천천히 깊이 생각해 볼 수 있습니다. 깊이 생각하고 좋은 문장의 의미를 되새겨 보는 활동을 통해 자연스레 문장을 쓰는 법, 좋은 문장의 조건에 대해서 배울 수 있고 글을 이해하는 독해력이 향상될 수 있습니다. 천천히 꼭꼭 씹어 읽는 글입니다.

고학년 아이들과 함께 '한 학기 한 권 읽기'를 진행할 때 필사를 함께 해 보는 것도 좋은 방법입니다. 전체 책을 하는 것은 부담스럽지만 오늘 함께 읽은 책 중에 기억에 남는 문장을 한 번 따라 적어보기도 하고 그 문장에 대해서 서로 이야기해보기도 하는 것입니다.

온 책 읽기와 연계하여 진행하는 것 이외에 시중에 나오는 다양한 필사책을 활용하여 따로 지도하는 것도 가능합니다. 요즘은 학생들을 위한 필사책도 참 잘 나와있습니다.

그런데 필사를 하다 보면 빠르게 대충 적거나, 뜻을 음미하지 못하고 글씨를 베껴 쓰는 활동에 그치지 않을까 걱정하시는 분들도 많습니다. 그래서 처음 아이들과 필사를 할 때에 이 글은 천천히 음미하며 먹는 글이라고 강조해서 이야기를 해줍니다. 어떤 음식을 먹을 때 급히 먹기도 하지만 맛있고 소중한 음식은 천천히 그 맛을 음미하면서 먹어야 더 잘 즐길 수 있다고 이야기 해줍니다. 그리고 필사의 양을 아주 적은 양부터 시작합니다. 5-6줄 정도여도 좋고 3-4학년 정도의 아이들이라면 꼭 책이 아니더라도 예쁜 동시나 노래 가사도 충분히 좋은 필사 재료가 될 수 있습니다. 천천히, 계속 읽어보며 어떤 의미일지 생각해보고 이야기 나누는 시간에 많은 초점을 두다보면 생각보다 글씨를 꾹꾹 눌러 담아 쓰게 됩니다. 양이 적고 시간이 여유가 있으면 아이들 또한 글씨를 쓸 때 훨씬 여유가 생깁니다. 좋은 문장, 정제된 문장을 꾸준히 만나고 생각할 기회를 주면 아이들의 생각도 함께 자라게 될 것입니다.

흔들리지 않는 수학 연산 유창성 기르기

학습 격차가 교실 속에서 가장 크게 드러나는 것은 아마
도 수학 과목일 것입니다. 특히 고학년으로 올라갈수록 이미 '수포자'
가 교실에서 생기기 시작합니다. 그런데 수학을 이미 포기했다고 이야
기하는 학생들을 보면 기본적인 연산부터 어려움을 겪는 경우가 많습
니다. 흔히 기초학력이라고 할 때 읽고, 쓰고, 셈하기를 이야기하는데 이
'셈하기'가 어려워 어느 순간 수업을 이해하지 못하는 아이들이 생겨나
는 것입니다. 수학은 계열성을 가지고 있는 과목이기 때문에 이전의 결
손이 다음 수업을 가로막는 방해물이 됩니다. 곱하기 나누기가 잘 되지
않는 아이들이 약분, 통분을 하거나 공배수, 공약수를 배우는 것은 쉬운
일이 아니기 때문입니다. 그래서 이전 학년의 수학 연산이 충분히 되지
않은 아이들은 현재의 수업을 듣는것이 어려울 수 밖에 없습니다.

연산은 개념을 이해하는 것도 중요하지만 꾸준히 연습을 하는 것이
필요합니다. 지금은 이해한 것 같고 아는 것 같았는데 시간이 지나 다른
부분을 공부하며 지난 번 배웠던 연산을 꺼내어 사용하려고 하면 막상
잘 기억이 나지 않기도 하고 헷갈리기도 합니다. 그런 경우라면 내가 알

고 있다고 생각한 연산을 실제로는 활용할 수 없게 되는 것입니다. 그래서 꾸준히 연습하는 것이 필요합니다.

그런데 현재 우리 반 학생들과 함께 연산을 지도하려고 할 때 이 아이들이 지금 어디까지 할 수 있어야 하는지 기준점을 잡는 것이 필요합니다. 그 기준을 잡을 때 교육과정의 학년군별 '연산 성취' 기준과 내용 요소를 다시 한 번 확인하는 것이 도움이 됩니다. 교육과정의 학습 내용을 살펴보고 학생들이 이 학년에서 놓치지 않고 성취해야 할 연산 부분의 목표가 무엇인지 다시 정확하게 확인하는 것입니다.

교육과정 내용은 교육부, 에듀넷, 국가 교육과정정보센터에서 확인할 수 있습니다.

교육부 홈페이지(www.moe.go.kr) ▶ 정보 공개 ▶ 법령 정보 ▶ 입법 ▶ 행정예고

에듀넷 ▶ 티클리어(www.edunet.net) ▶ 교육과정 ▶ 국가 교육과정 ▶ 2015 개정 교육과정

국가교육과정정보센터(www.ncic.go.kr) ▶ 교육과정 자료실 ▶ 교육과정 원문 및 해설서

연산 부분 성취 기준과 내용 요소를 확인하면 우리 반 학생들이 학습해야 할 목표를 확인하는 것도 가능하지만 연산에 어려움을 겪는 아이가 어디서부터 이런 어려움이 시작되었는지를 확인하는 것도 가능합니다. 예를 들어 (두 자리 수) ÷ (한 자리 수)에서 몫을 구하는 것이 어려운 학생들은 3학년 2학기의 수학 부분부터 살펴볼 수 있는 것입니다.

또한, 이렇게 연산 영역의 학습 내용을 살펴보면 3-4학년에서 큰 수, 분수, 소수, 곱셈과 나눗셈의 내용이 있음을 알 수 있습니다. 초등학교에서 배우는 사칙 연산의 거의 대부분이 3-4학년군에서 배우는 것을 확인할 수 있습니다. 성취기준을 더 자세히 살펴보면 분모가 같은 분수의 덧셈 뺄셈, 소수 두 자리 수의 범위에서 덧셈 뺄셈까지 학습하는 것을 알 수 있습니다. 2학년 2학기에 곱셈 구구를 막 배우고 온 3학년 아이들에게 1학기에는 나눗셈과 분수, 소수를 모두 배우고 충분히 연습한다는 것이 어렵기도 합니다. 특히, 곱셈 구구를 자연스럽게 하지 못하는 아이가 3학년 1학기에 올림이 여러 번 있는 곱셈이나 나머지가 있는 나눗셈을 배우는 것이 쉽지 않을 것입니다. 그래서 3-4학년에서 연산 학습이 꾸준히 그리고 집중적으로 이루어지도록 하는 것이 효과적이라고 생각합니다.

연산은 어떤 아이에게는 참 쉬운 것이지만 또 어떤 아이에게는 너무 지겹고, 하기 싫고, 또 어려워서 수학을 싫어하게 만드는 이유가 되기도 합니다. 그럼에도 수학을 포기하지 않게 하기 위한 첫 단계, 수학 학습의 격차를 줄이는 첫 번째 단계는 연산의 유창성을 기르는 것 부터입니다.

연산 실수를 줄이기 위한 Tip

아이들과 연산을 꾸준히 진행하다보면 빠르게 푸는데 유독 실수가 잦은 학생들이 있습니다. 연산 연습을 꾸준히 하는 것은 연산에 대한 유창성을 키우기 위한 것인데 이 유창성이라는 것은 막힘없이 푸는 것 이외에 정확성도 포함되는 것입니다. 아이들이 연산 실수하는 부분을 보면 사실 이해의 부족이라기보다 몇 가지 연산 습관 때문에 발생하는 경우가 많습니다. 연산을 지도할 때 연산의 정확성을 높이기 위해 몇 가지 방법을 안내합니다.

1 암산하지 않고 세로셈으로 계산하기
2 자릿수를 정확하게 맞추어 적기
3 10의 보수 개념 강조하기

아이들은 암산을 하는 것이 좀 더 연산을 잘한다고 생각하는 경향이 있습니다. 쓰지 않고 머릿속으로 재빨리 계산하려고 하지만 사실 계산 과정을 적지 않고 머릿속으로만 계산하면 아이들은 틀려도 어느 부분에서 틀렸는지 알아차리지 못합니다. 꼭 세로셈으로 1의 자리부터 받아 올림과 받아 내림을 표시하며 풀 수 있도록 지도합니다. 이렇게 세로셈으로 지도하다 보면 숫자가 커질 경우 자릿값이 맞지 않은 숫자끼리 계산을 하거나 2인지 3인지, 1인지 7인지 본인이 쓴 숫자를 잘 알아보지 못해서 틀리는 경우도 있습니다. 계산하는 과정을 글로 남겨놓았을 때, 본인이 자주 실수하는 부분을 확인하고 개선하는 것이 가능합니다.

또한 받아 내림, 받아 올림을 위해 10의 보수 개념을 꾸준히 지도합니다. 10의 보수라 함은 합하여 10이 되는 두 수를 이야기합니다. 저는 10짝꿍이라는 표현으로 아이들을 지도하는데 제가 3이라고 했을 때 7이라고 바로 대답할 수 있도록 하고 있습니다. 전체와 놀이처럼 여러 번 반복하여 말로 대답할 수 있도록 하고 짝과 함께도 서로 10짝꿍 찾기 문제 내기 활동을 꾸준히 합니다.

조작 활동과 놀이로 수학에 한 걸음 다가가기

수학을 포기하고 이미 수학 학습의 동기를 잃어버린 학생들이 있습니다. 교사가 아무리 노력해도 학습동기를 잃은 아이들, 이 아이들이 수학을 포기하지 않고 수업 속 내용을 이해할 수 있도록 돕는 것이 가장 어렵습니다.

배움의 동기 일으키기

그래서 고학년 수학을 지도할 때의 목표는 학생들에게 수학이 재미있다, 할 수 있을 것 같다는 수학에 대한 자신감을 심어주는 것만으로도 의미가 있습니다. 고학년 수학 활동을 할 때는 가능한 학생들의 실제 생활과 연계되어 있는 활동, 조작과 놀이로 수학을 접하게 하려는 노력이 필요합니다.

아이들은 스스로 움직이고 말하고 해 보았을 때 더 많은 배움이 일어나고 적극적으로 참여합니다. 모든 차시에서 조작과 놀이 활동을 다 넣는 것은 어렵지만 그 단원에서 가장 중요한 개념을 학습할 때에는 아이들이 직접 해 볼 수 있는 활동을 넣어 수업하면 어떨까요?

조작 활동과 놀이로 수학 수업하기

하지만, 조작 활동과 놀이로 수학 수업을 하려고 계획하면 교사는 미리 여러 가지를 준비해야 할 것 같아 부담스럽게 느껴질 수 있습니다. 그렇지만 제가 말씀드리는 조작 활동은 많은 준비를 해야 하는 거창한 놀이 활동이 아니라 색종이 한 장, 교과서 뒤에 나와 있는 붙임 활동 자료만으로도 충분히 가능합니다. 수업을 듣는 것보다 내가 스스로 해 보는 것, 짝과 함께 만들어보고 놀이를 하는 것이면 됩니다. 각 영역별로 아이들과 진행했던 수업을 토대로 몇 가지 사례를 나누어 보려고 합니다.

❶ 분수

1) 색종이를 통해 등분의 개념 알기

1 분수를 도입할 때 사각 색종이, 둥근 색종이를 사용하여 활동을 많이 진행합니다. 자주 사용하는 사각 색종이와 더불어 둥근 색종이도 교실에 준비해 놓으면 훨씬 다양하게 등분 개념의 활동을 진행할 수 있습니다.

2 분수의 개념이 처음 도입되는 3학년의 경우 전체와 부분의 개념, 똑같이 나눈다는 것에 대한 것을 이해시키기 위해 색종이를 똑같은 조각 여러 개로 나누어 봅니다. 2, 4, 8등분을 먼저 해 보고 3등분 5등분, 7등분, 9등분 하는 방법도 알려줍니다. 이 과정에서 교사가 일부러 똑같이 나누지 않은 색종이를 보여주면서 이런 경우 왜 분수가 아닌지에 대한 이야기도 나누어 볼 수 있을 것입니다. 색종이로 3등분이 가능하다면 6등분, 12등분 등 다양한 분수를 표현하는 것이 가능해질 것입니다.

2) 퀴즈네르 막대, 분수 막대 활용

1 단위분수의 크기 비교

단위 분수의 크기를 비교할 때 아이들이 흔히 가지는 오개념이 분모의 크기가 크면 분수의 크기도 크다고 생각하는 것입니다. 단위 분수의 개념을 도입할 때, 그리고 크기를 비교할 때 실제 분수 막대로 1/3과1/6을 직접 비교해 보고 눈으로 확인하면 분모의 크기가 클수록 분수의 크기가 작아지는 것을 확인할 수 있습니다.

2 동분모 분수의 덧셈과 뺄셈

4학년에서 처음 분수의 덧셈과 뺄셈을 도입할 때 활용합니다. 분모가 같은 분수의 덧셈을 하는 경우, 분수 막대로 덧셈을 진행할 수 있습니다. 예를 들어 $\frac{1}{6}+\frac{2}{6}$을 진행하는 경우 $\frac{1}{6}$조각 하나와 $\frac{1}{6}$조각 2개를 모두 합하여 크기를 살펴봅니다. $\frac{1}{6}$조각이 3개있어 $\frac{3}{6}$이라는 것도 알 수 있지만 이 크기가 $\frac{5}{10}, \frac{4}{8}, \frac{2}{4}, \frac{1}{2}$과 같은 크기임을 알 수 있습니다. 동분모 분수의 덧셈을 진행하면서 '크기가 같은 분수'에 대해서도 확인할 수 있습니다.

❷ 측정

1 1m 어림하기

2학년 2학기에 1m가 도입됩니다. 이 때, 신문지를 돌돌 말아서 1m의 막대기를 만들 수 있습니다. 그 위에 색을 입히거나 그림을 그려 자기만의 1m 막대기를 만듭니다. 그리고 주변을 돌아다니며 1m 막대기로 물건의 길이를 어림하는 것입니다. 어림 해보는 과정이 측정 영역에서 매우 중요한데 아이들은 생각보다 어려워합니다. 그만큼의 길이에 대한 감이 없기 때문입니다. 그래서 실제로 아이들이 보고 만지고 재어볼 수 있는 1m 막대기를 통해 어림활동을 진행하는 것입니다. 이 막대를 만드는 과정에서도 아이들은 내 막대가 정말 1m가 맞는지 확인하기 위해 계속 줄자에 자신의 막대를 대어보며 확인하며 1m의 감각을 느낍니다. 그리고 교실 속에서 신발장이나 사물함 등을 재어보고, 주변을 돌아다니며 1m 물건, 1m보다 더 길거나 짧은 물건을 찾습니다.

2 $1m^2$ 만들기

길이와 마찬가지로 넓이의 단위인 $1m^2$를 도입할 때에도 교실과 복도에 색테이프로 $1m^2$를 만들어 넓이의 크기를 어림해보는 활동을 진행합니다. 교과서에서 말하는 $1m^2$가 어느 정도의 넓이를 의미하는지 직접 눈으로 확인해 보고 이를 토대로 우리 교실의 넓이는 얼마나 될까, 복도의 넓이는 얼마나 될까를 어림해보기도 하는 것입니다. 교과서에 1a(아르)가 있었을 때에는 운동장에 아이들과 함께 1a를 표시해보는 활동을 해보기도 하였습니다. 측정 영역은 아이들이 이 단위를 대략적으로 어림해보고 주변의 물건과 비교하는 활동을 통해 실제 생활과 연결하여 학습하는 것이 가능합니다.

1m 막대 만들기

교실 속 $1m^2$ 만들기

조작 활동과 놀이를 돕는 교구 및 활용 방법

수업 시간에 조작 활동과 놀이를 하고 그 이외의 시간에도 교실 속에서 자연스럽게 수학 교구나 보드게임을 만지고 활동할 수 있다면 아이들은 수학에 훨씬 흥미를 가지고 접근할 수 있을 것입니다. 교실에 어떤 교구를 두면 좋을까, 혹은 학년에 맞는 좋은 수학 교구는 어떤 것이 있고 또 어떻게 활용하면 좋을지 고민하신다면 '수학 수업용 교구 표준안' 자료를 활용할 수 있습니다. 2015개정 교육과정에 맞추어 교육부와 한국창의재단에서 연구 개발한 자료인데 [한국과학창의재단-자료실- 성과물-수학 수업용 교구 표준안 개발 연구]에서 다운 받을 수 있습니다. 이

자료 속에 학년군별 성취 수준에 맞는 필수 교구와 권장 교구의 종류가 나와 있고 수업 시간 중 어떻게 활용할 수 있는지에 대한 설명도 자세히 나와 있습니다. 학년의 필요한 교구 중 필수 교구를 우선적으로 마련하고 권장 교구도 살펴보면 좋을 것 같습니다.

두 번째는 매쓰러닝센터(https://www.mathlearningcenter.org)라는 온라인 수학 수업 도구입니다. 이 사이트에는 11개의 수학 조작 활동을 무료로 제공하고 있습니다. 분수,

지오보드, 시계 조작, 10이나 100모형 같은 수모형, 수직선처럼 평소 수학 수업에서 많이 사용하는 조작활동을 포함하고 있습니다. 사이트를 둘러보고 필요한 조작 활동은 북마크를 해 놓고 사용하면 좋을 것 같습니다. 온라인 수업 중이라면 링크를 학생들에게 안내하고 스스로 조작 활동을 하도록 할 수 있습니다. 교사가 제시하는 문제상황을 학생들이 조작해보고 그 결과를 화면을 공유하여 확인하는 것입니다.

마지막으로 연산 자료 때 이야기 한 EBS MATH 또한 온라인 수학 교구로 활용할 수 있습니다. EBS MATH (https://www.ebsmath.co.kr/mathquiz) 홈페이지에서 게임존으로 들어가면 수학교구형 미니게임이 있습니다. 펜토미노, 칠교, 지오보드, 카타미노 등이 있습니다. 아래 사진은 카타미노입니다. 4학년 1학기 평면도형의 이동을 공부할 때 활용할 수 있습니다. 게임 형식으로 진행되는 것이 특징이며 아이들과 온라인 수업 교구로 활동을 해보고 반응이 좋은 것, 재미있게 활동하는 교구는 교실에 실제로 마련하는 것도 좋습니다. 아이들은 놀이처럼 하지만 그 속에 도형의 이동과 회전을 충분히 해보고 익숙해질 수 있습니다.

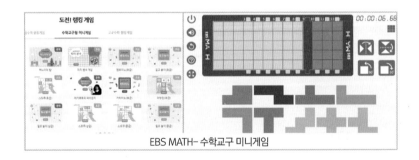

EBS MATH- 수학교구 미니게임

자기 주도적
학습 능력 키우기

04

스스로 배우고 익히기

코로나19로 원격수업을 진행하는 상황에서 학생들마다 수업에 참여하는 태도에 많은 차이가 있습니다. 어떤 아이는 원격수업에서 지켜보는 사람이 없어도 스스로 본인이 해야 할 일을 잘 알고 끝까지 집중하여 공부하는 학생이 있는가하면 매 번 수업시간을 지키지 않거나 화면을 보고 있지만 유튜브나 다른 활동을 하느라 수업에 집중하지 못하는 모습을 보이기도 합니다. 코로나19로 인한 학습의 격차를 아이들의 자기 주도적인 학습 능력의 차이로 보는 견해도 많습니다.

교실에서 수업할 때는 교사도 있고 또래 친구들이 있기 때문에 직접적으로 또 간접적으로 도움을 받을 수 있습니다. 수업 중 교사가 학생이 부족한 것을 보고 즉시 도와줄 수도 있고 또래 친구들이 하는 것을 보고 배울 수도 있는데 이런 외부의 도움 없이 스스로 학습을 진행해 본 적이 없는 학생들에게 스스로 학습하도록 하는 것이 무척 힘들었을 것입니다. 스스로 학습하는 방법을 배우지 않은, 준비되지 않은 상태에서 맞이한 변화이기 때문입니다.

내가 스스로 공부할 수 있는 힘, 자기 주도적 학습 능력을 키운다면 이런 교육 환경의 변화 속에서도 크게 흔들리지 않고 공부할 수 있을 것입니다.

자기 주도적 학습이란?

자기 주도적 학습 능력은 혼자서 문제집을 잘 풀고, 조용히 할 일을 끝내는 것처럼 스스로 혼자 공부하는 자율학습을 의미하는 것은 아닙니다.

자기 주도적 학습 능력은 학습자가 주체가 되어 학습 목표를 설정하고 학습 계획 수립, 학습 실행, 평가에 이르기까지의 과정을 이야기합니다.* 학습 목표를 세우고, 계획을 수립하고, 직접 실행하고 평가하기까지의 모든 단계를 학습자가 스스로 한다는 것이 사실 굉장히 어려운 일입니다. 그럼에도 불구하고 학교에서 학생들의 자기 주도 학습 능력을 길러주는 것이 왜 중요할까요?

미래 사회에서는 지금까지 우리가 경험한 것보다 더 많은 변화가 있을 것이고 학교에서 배우는 내용 이외에도 더 많은 내용을 평생 배우고 살아가야 할 것입니다. 즉, 우리 모두 평생 학습자입니다. 스스로 학습하는 방법을 배우는 것이 중요합니다. 학교에서 아이들에게 가르쳐야 할 것은 교과 내용에 국한되어 있는 것은 아닙니다. 스스로 학습하는 방법을 배우도록 하는 것이 더 근본적인 방법이 될 것입니다. 그렇다면 학생이 스스로 배움의 주체가 되도록 만드는 방법을 교실 속에서는 어떻게 실행할 수 있을까요.

*출처: 교육심리학 용어 사전

자기 주도적 학습 과정 중 가장 첫 단계는 '목표를 설정'하는 것입니다. 그런데 학생들이 학교생활 중 목표를 설정하는 것은 그리 많지 않습니다. 보통 도덕이나 실과 교과에서 어떤 내용을 학습한 이후에 스스로 목표를 세워서 실천하는 실천표를 작성하기도 하고 방학 전에 계획표를 세울 때 목표를 함께 설정하기도 합니다. 그렇지만 특별히 스스로 목표를 설정할 만한 일은 교실 속에서 잘 없습니다.

저는 학급 운영 중 한 달에 한 번 학급 통신을 발행합니다. '라온 통신'이라는 이름으로 발행하는데 A4에 절반 정도는 한 달 동안 교실에서 있었던 일들에 대한 내용을 적고 나머지 절반에 학생, 교사, 학부모가 함께 채우는 칸이 있습니다. 예를 들면 5월의 학급 통신이라고 하면 학생들은 '나의 5월 학교생활'칸에 한 달의 생활을 스스로 되돌아보고 본인의 학교생활에 대한 이야기를 쓰고 '6월 학교생활 목표' 칸에는 나의 6월의 학교생활에 대한 다짐을 씁니다. 아이들이 매달 스스로의 생활을 점검하고 새로운 달에 대한 목표를 세우는 것입니다.

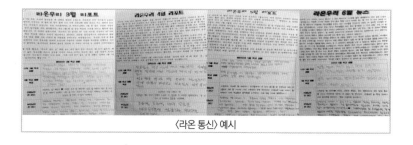

〈라온 통신〉 예시

그런데 이렇게 학생들에게 다음 달의 학교 생활 목표를 쓰라고 하면 포괄적이고 일반적인 목표를 설정합니다. 예를 들면 '공부를 열심히 할 것이다, 선생님 말씀을 잘 듣겠다, 친구와 사이좋게 지내겠다'와 같은 목표입니다. 그러나 포괄적으로 목표를 설정한다면 계획을 수립하기도 쉽지 않고 스스로 그 목표가 잘 달성되었는지를 평가하기도 어렵습니다. 그래서 학생들에게 목표 설정을 할 때 가능한 구체적이고 측정 가능한 목표를 세울 것을 강조합니다.

목표를 구체적으로 설정하기 위해서는 우선 본인이 현재 학교생활 및 학습 태도에 대해서 스스로 알고 있어야 합니다. 내가 무엇을 어려워하고 있는지 어떤 부분이 잘 되지 않는지를 알아야 그것을 개선하거나 더 발전시키기 위한 목표를 설정할 수가 있습니다. 즉, 목표 설정은 본인의 학교생활을 스스로 진단하고 평가하는 것부터 시작입니다. 그래서 교사는 학생의 목표 설정을 위해 이 부분에 많은 시간을 할애합니다. 학교 공부를 하면서 내가 어려운 부분, 좀 더 공부가 필요한 부분이 무엇인지에 대해서 생각하는데 아이들이 생각하기 어려워하는 경우 범위를 좁혀서 어떤 과목이나 어떤 활동이 어려웠는지를 생각해보라고 하기도 하고 독서, 집중하는 태도, 연산, 과제 제출과 같은 부분을 몇 가지 예를 들어주며 생각해보라고도 합니다. 이 부분에 가장 많은 시간을 들이는 이유는 교사나 부모님의 주도와 선택에서 학생들의 주도로 넘어가는 이 부분이 가장 중요하다고 생각하기 때문입니다. 교사나 부모가 판단하여 설정해주는 목표는 학생이 아무리 잘 실천하고 결과가 좋다고 하더라도 '자기 주도적' 학습능력이라고 말하기는 어렵습니다. 본인의 필요와 본인의 부족을 스스로 깨닫고 목표를 설정하는 것부터가 자기 주도적 학습 능력의 시작입니다. 따라서 처음에는 서투르고 잘 되지 않더라도 스스로 목표를 설정해보기 위해 되돌아보고 생각해 보는 기회를 통해 계속 연습하도록 하는 것이 필요합니다. '공부를 열심히 하겠습니다'라는 목표에서 '이번 달 수학 5단원 평가를 몇 점 이상 받도록 하겠다' '이번 달 책을 몇 권 이상 읽고 독서록을 쓰겠다'와 같은 식으로 좀 더 구체적인 목표 설정을 하는 쪽으로 조금씩 성장하는 것을 볼 수 있을 것입니다.

학생들이 목표를 설정할 때 구체적인 목표 설정 이외에 또 하나 강조하는 것은 실천 가능한 목표를 설정하는 것입니다. 처음부터 원대하고 큰 목표가 아니라 작지만 '구체적이고 실천 가능한 목표'를 설정하는 것이 중요합니다. 작은 한 발짝을 나아가고 실제 그 목표를 이루었을 때 아이들에게 스스로 하는 것에 대한 성취감을 느낄 수 있도록 하기 위해서입니다. 이렇게 구체적이고 실천 가능하도록 스스로 세운 목표에 달성하는 경험은 아이들의 내재적인 동기를 높일 수 있습니다. 또한, 이렇게 잘 세운 목표는 계획을 잘 수립할 수 있도록 돕습니다.

계획 수립도 목표와 마찬가지로 구체적이고 세부적으로 정하는 것이 중요합니다. 예를 들어 목표를 달성하기 위해서 내가 날마다 실천해야 할 일인지, 주 4회와 같이 일정 횟수가 필요한지, 시간은 하루에 얼마나 할애하고 언제 할 것인지, 장소는 어디에서 할 것인지, 한 번에 하는 분량은 얼마나 할 것인지와 같이 구체적으로 계획을 수립해야 합니다.

보통 아이들이 방학 전 생활 계획표 작성하는 것을 보면 의욕이 앞서서 할 일들을 넣다보면 잠자는 시간이 부족하기도 하고 노는 시간이 너무 많아 정작 할 일을 할 시간은 없기도 합니다. 이럴 때에는 아이들에게 계획을 세울 때 일의 우선순위를 정하도록 지도합니다. 5학년 실과에서도 시간 관리에 대한 부분을 배우는데요. 시간 관리 매트릭스를 만듭니다. 급한 정도와 중요 정도에 따라 급하고 중요한 일부터 급하지도 중요하지도 않은 일까지 분류하는 것입니다. 내가 목표로 세운 일 중에서 중요도에 따라 우선순위를 정하고 그에 맞는 계획을 세우는 것은 중요한 학습 전략이기도 합니다.

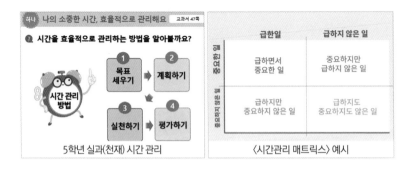

5학년 실과(천재) 시간 관리 〈시간관리 매트릭스〉 예시

계획을 세운 이후에는 실제 실행 여부를 판단할 수 있는 체크리스트나 플래너를 함께 작성해서 실천하고 스스로 실행 여부를 체크합니다. 온라인 수업 기간이라면 학습 태도 및 생활 습관에 대한 내용도 함께 계획표에 넣을 수 있을 것입니다. 그런데 여기서 중요한 것은 아이들이 계획을 세우고 실제 실행해본 이후에 나에 맞게 계획을 수정해 나가는 것입니다. 아무리 잘 세운 목표와 계획이라고 해도 수정이 필요할 수 있습니다. 아이들은 처음 학습 계획을 작성할 때에는 얼마만큼이 내가 할 수 있는 양인지, 어느 정도가 가능한지에 대해서 잘 알지 못하기 때문입니다. 내 학습 속도나 가능한 학습량을 실천해보고 계속 수정하는 것입니

다. 이것이 스스로 피드백을 통해 나에게 딱 맞는 학습 계획을 찾아가는 과정입니다. 그 과정에서 여러 번 실패할 수도 있습니다. 그런데 계획이 잘 되지 않았을 때 어떤 부분이 잘 안된 것인지 확인하고 수정한 이후 다음 목표를 설정하는 이런 과정을 통해 아이는 나에게 맞는 학습 계획을 세우는 방법을 배웁니다.

자기 주도적 학습 능력은 다른 사람의 도움을 받지 않고 혼자서 학습해야 하는 것을 의미하는 것은 아닙니다. 따라서 학습을 실행하는 단계에서 어려움을 느끼는 경우 주변의 교사나 동료라는 자원을 활용하여 도움을 요청할 수도 있습니다. 스스로 주체가 되어 내가 어려움을 느끼는 경우 도움을 받을 것을 선택하는 것입니다. 그런데 학습하는 중 어려움을 느낄 때, 도움을 청하는 방법에 대해 학급에서의 약속을 미리 정하는 것도 좋습니다. 스스로 학습을 진행하는 과정에서 몇 번 이상 고민하고 노력해도 어려우면 손을 들어 표시하거나 정해진 카드를 책상 위에 세우기와 같은 방법입니다. 이런 약속을 미리 정하는 것이 필요한 이유는 학습 과정 중 어려워도 도움을 청하기 어려워하는 아이들 또는 스스로 학습에 대한 고민없이 외부의 도움부터 청하려고 하는 아이들에게 기준을 정해 주어야 하기 때문입니다.

학생들의 자기 주도적 학습 능력 향상을 위해 고학년에서는 공책 정리 방법을 많이 활용하기도 합니다. 공책 정리를 통해 수업에서 학습한 내용을 스스로 정리하고 공부할 수 있는 공책 정리에 대해 이야기를 나누어 보겠습니다.

공책 정리로 스스로 학습하기

공책 정리를 매해 활용하지만 매해 결과는 다르기도 합니다. 어떤 해에는 유독 아이들이 공책 정리를 어려워해서 꾸준히 진행하기가 힘든 해도 있고, 또 어떤 해는 꾸준히 진행하여 학습에 상당한 효과를 가지고 오기도 합니다. 그러나 학습 공책을 하면 스스로 오늘 배운 내용을 다시 한 번 떠올려보고 손으로 적어보며 내용을 구조화하는 과정이기 때문에 학습에 많은 도움이 됩니다. 그런데 아이들이 쓰기 힘들어 하기도 하고 수업 내용을 스스로 요약하는 것을 힘들어하기도 하니까 교사 입장에서는 꾸준히 지속하는 것이 의미가 있을까 고민이 되기도 합니다.

코넬식 공책 정리 지도하기

〈코넬식 공책 정리〉 예시

코넬식 공책 정리는 1950년대 코넬대의 교육학과 교수님이 학습의 효과를 높이기 위해 개발하여 지금도 가장 많이 사용하는 방법입니다. 공책을 아래의 그림처럼 나누어 제목, 노트 필기, 키워드, 요약정리를 하는 방법입니다.

코넬식 공책 정리의 예시를 보면 숫자가 적혀 있습니다. 각각 노트를 적는 순서입니다. 우선, 제목은 수업 전에 미리 적어 놓고 수업을 들으며 2번의 노트 필기를 합니다. 수업 이후에 복습을 하면서 중요한 키워드를 3번에 작성하고 마지막으로 수업 내용과 키워드 작성한 것을 토대로 4번 요약정리 부분에 한두 줄로 요약하는 것이 코넬식 공책 정리 방법입니다.

그런데 교실에서 실제로 코넬식 공책 정리 방법을 적용해 보니 몇 가지 어려운 점이 있었습니다. 저의 경우에는 고학년 학생이었지만 키워드를 잡는 것을 어려워했고, 마지막 요약정리를 하는 부분이 수업 중 노트 정리 하는 부분과 거의 비슷하게 나왔습니다. 또한, 2번의 노트 필기를 수업 중 들으면서 적는 것이 어려웠습니다. 이런 몇 가지 문제점을 토대로 교실에서 아이들과 학습 공책 정리를 할 때 몇 가지 변형하여 운용하였습니다.

우선 원래 코넬 노트 필기 방법 중 마지막 요약정리 부분은 활용하지 않고 키워드 부분은 교사와 함께 잡거나 혹은 수업 소주제를 적습니다. 그리고 원래 키워드를 적기로 한 3번 부분에는 수업 내용과 관련하여 궁금한 점, 질문을 쓰는 것과 같이 변경 운영하였습니다. 학생들의 수준이 모두 다르기 때문에 꼭 이 노트 방법을 지키려고 하기 보다는 반의 수준에 맞추어 변경하여 운영하는 것을 추천합니다. 3학년 아이들에게는 교과서의 학습 주제, 그날 배운 중요 단어 몇 개를 적는 것부터 시작하는 것도 충분히 의미가 있습니다. 부담되지 않는 선에서 꾸준히 내가 스스로 공부한 내용을 떠올리고 되짚어 보는 과정이 의미가 있다고 생각합니다.

학습 노트를 가르칠 때는 다음 몇 가지 사항에 유의하여 가르치면 좋습니다. 아래의 경우를 참고하시어 선생님의 교실에서 맞는 방법으로 변형, 응용하시면 좋을 것 같습니다.

첫 번째, 학습 공책 정리 내용을 보고 따라서 적을 수 있도록 연습하는 기간이 필요합니다. 처음에는 선생님이 적어준 내용을 그대로 보고 쓰는 것이 큰 의미가 있을까라고 고민하기도 했습니다. 그런데 공책 정리를 처음 배우는 학생들에게는 배웠던 내용을 스스로 적는 과정에서 내용을 '요약'하는 것이 꽤나 어려운 작업입니다. 이미 중요한 것과 중요하지 않은 것을 구별할 수 있다는 것인데 아이들이 그 과정에 도달하기까지가 쉽지 않습니다. 그래서 말로 설명을 여러 번 하기 보다는 따라 적는 것을 통해 학생들이 노트정리에 감을 잡을 수 있는 시간이 필요합니다. 이 기간은 교실에서 운영하기에 따라 다르지만 저는 한 달에서 두 달 정도의 기간을 이렇게 운영하였습니다. 이 때 아이들은 듣고 배우는 것이 아니라 모방하면서 배우는 단계라는 것을 잊으면 안됩니다.

두 번째, 오늘 배웠던 내용 중 중요한 내용에 대해 이야기를 나눈 후 칠판에 꼭 들어가야 할 단어 몇 가지를 함께 정해봅니다. 교사의 정리를 따라하다가 스스로 공책을 정리하기 위해 넘어가는 이 과정이 무척 중요한 단계입니다. 아이들이 스스로 적기 시작하는 부분에서 많이 주저하기 때문에 함께 이야기 나누는 시간을 충분히 갖습니다. 수업을 준비할 때 보통 학습 활동을 2-3가지로 계획하는데 그 활동에 따라 배웠던 내용 중 생각나는 내용, 중요한 키워드가 무엇인지 함께 이야기합니다. 반 전체 아이들과 함께 공동의 사고 과정을 거치는 것입니다. 중요한 단어가 무엇인지 감을 잡지 못하는 아이들도 이런 과정을 거치다보면 자주 나오는 단어를 통해 중요 단어가 무엇인지 알 수 있습니다. 말놀이를 배울 때도 그렇고 아이들이 어려워하는 과정은 항상 전체가 함께 이야기하며 배우는 과정에 시간을 많이 할애합니다. 교사와 전체 학생들의 대화라고 할 수 있지만 사실은 학생들 간의 대화라고도 할 수 있습니다. 이 과정을 통하여 보고 적는 과정이 함께 이야기하며 적는 과정으로 바뀌었습니다.

　세 번째, 교과서를 적극 활용합니다. 사회나 수학 과목 같은 경우의 도표나 지도가 필요한 경우 교과서 속의 붙임 자료를 공책 정리에 그대로 활용하기도 하고, 교과서의 자료를 잘라서 붙이기도 합니다. 교과서를 자르기 어려운 경우는 교과서 PDF자료를 출력하여 나누어주기도 합니다. 아래의 학생 공책 정리 자료 예시 또한 교과서 뒤의 붙임 자료를 활용한 것입니다.

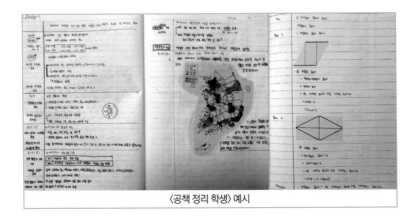

〈공책 정리 학생〉 예시

네 번째, 공책 정리를 할 때 색의 구분을 가르칩니다. 예를 들면 파란색은 키워드를 적는 것, 빨간색은 필기 내용 중 중요하다고 생각하는 단어, 노란색은 잘 이해가 안 되는 부분으로 색을 나누고 구분하여 적도록 합니다. 색을 구분하여 적으면 내 공책을 다시 보았을 때 중요한 단어가 무엇인지, 내가 잘 이해하지 못했던 부분은 어디인지를 다시 확인하는 것이 훨씬 수월합니다.

마인드맵 공책 정리 지도하기

코넬식 공책 정리법과 함께 교실 속에서 가장 많이 활용하는 것이 마인드맵이 아닐까 생각합니다. 마인드맵, 비주얼씽킹 같은 정리 방법은 학습 내용을 더 시각화하여 정리하는 것입니다. 글씨를 쓰는 양이 적고 간단한 그림과 단어로 표현하기 때문에 실제로 교실 속에서 아이들은 이 방법을 조금 더 쉽고 편안하게 느끼는 것 같습니다.

보통 마인드맵은 수업 시간에 생각을 확장하는 도구로 많이 사용하지만 학습 내용을 정리할 때에도 마인드맵을 사용할 수 있습니다.

　교과서에서 마인드맵으로 학습 내용 정리가 가장 잘 나타나있는 것이 실험 관찰의 '생각 그물'입니다. 매 단원이 끝난 때마다 뒤에 있는 붙임 딱지를 이용해서 그 단원에서 배운 내용을 정리하는 것입니다. 가운데 중심 부분에 단원명이 적혀 있고 배웠던 학습 주제가 중심 가지로 3-4가지 제시되어 있습니다. 단원명, 학습 주제만 적혀있고 나머지 부분은 교과서를 다시 살펴보고 읽어보며 붙임 딱지를 붙이고 나만의 말로 다시 정리를 하도록 합니다. 이것이 마인드맵 학습 정리의 좋은 예입니다.

　단원을 시작하기 전 전체의 학습 내용을 살펴볼 때, 단원이 끝나고 다시 한 번 복습할 때 또는 배운 내용 간의 연관 관계를 파악할 때 마인드맵을 사용할 수 있습니다.

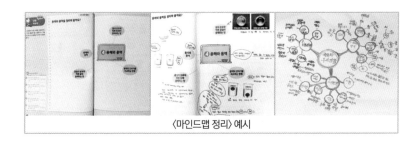

〈마인드맵 정리〉 예시

　위의 예시는 사회 5학년 1학기 1단원이 끝나고 한 마인드맵입니다. 보통 교실에서 학생들과 코넬 노트 정리를 하다가 필요한 부분에서 공책을 가로로 돌려 넓게 두거나 혹은 A4종이나 도화지처럼 큰 종이를 활용하여 정리하기도 합니다.

1 가장 먼저 가운데 중심 단어를 단원명인 '국토와 우리 생활'로 둡니다.

2 중심가지 3개는 1단원의 소주제인 국토의 위치와 영역, 우리 국토의 자연 환경, 우리 국토의 인문 환경으로 두었습니다.

3 중심가지 아래에는 교과서 맨 위에 붉은 글씨로 표시된 각 차시별 학습 주제를 적습니다. 이렇게 정리하면서 교과서에서 학습 내용을 제시한 흐름을 다시 확인할 수 있고 차시별로 중요 단어, 중요 내용을 간략하게 적습니다. 코넬 노트 적기를 했을 때 키워드를 찾았던 것을 단원을 전부 배운 후에 마인드맵으로 이렇게 다시 적어볼 수 있습니다.

4 주가지별로 색을 달리하여 표시합니다. 중심 단어와의 연관 정도에 따라 가까울수록 두껍게, 멀수록 가는 가지의 형태로 시작화하여 표현합니다. 가지 주변에 관련된 그림을 그리거나 색을 사용하여 학습 내용의 기억력을 높일 수 있습니다.

5 마인드맵의 내용 정리는 한 번에 완성하지 않고 반복 학습이나 복습을 통해 더 적고 싶은 부분, 생각나는 부분을 보면서 계속 추가할 수 있습니다. 이 한 장이, 한 단원의 내용을 정리하여 표현한 것이며 그 정리 내용을 계속 정교화, 발전시킬 수 있습니다.

함께 공부하는 교실, 협력 학습

서로 배움, 함께 배움

교실 속 아이들은 관심도 다르고 학습 속도도 다르고 학습 성취 수준도 모두 다릅니다. 교실 속에서 아이들 사이의 이런 속도와 성취의 차이가 결국은 서로 배우고 성장시킬 수 있는 원동력이 되기도 합니다. 다양한 특성을 가진 아이들이 각기 다르기 때문에 내가 부족한 부분을 다른 친구를 통해 배울 수 있고 내가 잘하는 부분을 다른 친구들과 나눌 수 있는 것입니다.

교과서의 내용도 짝과 함께 이야기해서 문제를 해결하고, 모둠과 토의해 보는 활동과 같이 나 혼자 고민하고 해결하는 것이 아닌 교실 속 친구와 함께 협력해야 하는 활동들이 많습니다. 그리고 협력하고 함께 배울 때 아이들도 더 즐겁게 배웁니다.

경쟁이 아닌 협력으로

학생들끼리 서로 도와가며 활동하는 '협력 학습'은 흔히 '협동 학습'과 혼재해 사용하기도 합니다. 교사 중심 수업에서 학생들의 참여 중심의 수업으로 바뀐다는 것에서는 맥락이 같고 차이점보다는 유사점이 더 많은 학습 방법입니다.

그러나 그동안 협동 학습이 하나의 과제를 제시하고 개인별 역할을 나누어 책무성을 가지고 하나의 결과를 만드는 것에 초점을 두었다면, 협력 학습은 함께 하나의 과제를 해결해 나가는 '과정'에 더욱 중점을 두고 있습니다. 함께 대화하고 생각 나누는 것이 중점이며 그 과제를 해결하면서 모둠보다는 개별 학생의 배움에 더 초점을 맞추고 있습니다.

협동 학습이 하나의 과제를 나누거나 개인의 역할을 나누어 하고 합한 후 하나의 결과물로 산출해 낸다면 협력 학습은 하나의 과제를 함께 풀어가는 과정과 그 속에서 각 개인의 배움에 더욱 초점을 맞춘 것이라고 할 수 있습니다. 그렇기 때문에 협력 학습에서는 구성원 간의 대화, 생각 나누기와 같은 의사소통 과정이 굉장히 중요합니다. 아이들끼리 하나의 과제를 풀어가기 위해서는 자신의 생각을 꾸준히 이야기 하는 과정이 필요하기 때문입니다.

그런데 이런 협력 학습 또는 협동 학습을 진행하다 보면 몇 가지 어려운 점에 직면하기도 합니다. 가장 자주 마주치는 문제는 모둠 활동 중 개인 간 학습의 속도가 생기는 것에 대해 '너 때문에 잘 안된다'라고 다른 학생을 비방하거나 혹은 '저는 할 일이 없어요'라며 아무것도 하지 않고 앉아 있는 학생들이 생긴다는 것입니다. 또 생각이 달라서 의견 조율을 하는 과정에서 잘 되지 않아 다투는 경우도 있습니다. 이는 모두 협력하는 과정이 서툴러서 생기는 경우입니다.

혹시 이런 경우, 협력 학습의 결과로 인한 보상이 있는지 살펴보시기 바랍니다. 사실 협력 학습은 모둠별 보상이 필요하지 않습니다. 각자가 협력하여 과제를 해결하는 과정이 중요하기 때문에 모둠별로 승패를 나누는 것이 의미가 없습니다. 그런데 승패나 순위에 익숙하고 민감한 아이들의 경우 함께 학습을 하다가 실패의 원인을 누군가의 탓으로 돌리기 시작하면 그 활동은 협력이 아닌 상처와 좌절의 기억으로 남게 될 것입니다. 보상 제도를 없애고 승패나 순위가 주어지지 않는 활동을 하면 외부의 보상에 민감하지 않고 주어진 과제에 좀 더 집중하여 함께 해결하는 성취감을 얻을 수가 있을 것입니다.

또 하나의 어려운 점은 과제를 해결하는 과정에서 의사소통이 중요한데 아무 말도 하지 않고 소극적인 참여를 하는 학생들이 생기는 것입니다. 그런데 반대로 생각하면 그런 의미에서 협력 학습이 아이들의 격차를 줄이는데 효과적인 방법이 될 수 있습니다. 그 학생이 참여하지 않는 상황에는 다양한 이유가 있을 수 있습니다. 학습의 동기가 낮거나, 나는 잘 할 수 없다고 생각하거나, 혹은 잘하고 싶지만 어떻게 해야 하는지 모를 수도 있습니다. 그런데 아이들이 서로 하는 것을 관찰하고 있는 것만으로도 우선 학습이 가능하다고 생각합니다. '나는 이해하지 못한 부분을 이렇게 이해하고 하는구나, 선생님께서 주신 과제가 이런 뜻이었구나'를 다른 친구들을 보면서 파악하는 것입니다. 다른 아이들의 학습 과정을 관찰하는 것만으로도 스스로 학습을 해나갈 수 있는 원동력이 될 수 있습니다.

협력 학습 준비하기

협력 학습을 교실에서 진행하기 위해 가장 신경 써야 하는 부분이 교실 속 협력적인 분위기를 만드는 것입니다. 특별한 어떤 기법, 절차보다 가장 중요한 것은 교실 속에서 토의, 토론하는 분위기, 실수에 관대한 분위기, 학습의 차이를 기다릴 수 있는 분위기를 형성하는 것입니다. 이것이 협력 학습의 성패를 가르는 열쇠라고 생각합니다. 자연스럽게 이야기가 흘러나오고 누구도 비난하지 않는 분위기라야 아이들 또한 안심하고 나의 생각을 이야기할 수 있고 적극적으로 참여하는 것이 가능합니다. 그럼, 교실 속 협력적 분위기 형성을 위하여 할 수 있는 몇 가지 활동을 나누어 보겠습니다.

우선, 토의·토론하는 분위기 형성을 위해 학급 속에서 아주 작은 문제라도 토의로 끌고 나오는 것입니다. 학급에서 일어난 일이라 아이들 모두가 관련 있는 일이니 학생들이 적극적으로 참여합니다. 주제는 무엇이 되어도 좋지만 작고, 사소하며, 바로 의견이 반영될 수 있는 것이면 좋습니다. '학급에서 기를 식물 결정하기, 아침 인사 방법 논의하기, 급식 순서 결정하기, 청소 하는 담당 나누기'부터 시작해서 학급이나 학교에서 하는 작은 행사를 준비하는 방법까지 주제는 다양합니다. 교실 속 작은 상황부터 토의를 통해 결정하면 우리 반에 일어나는 문제에 대해 주인 의식을 가지고 함께 참여할 수 있습니다. 그 과정에서 자연스럽게 의견을 주고받고, 결정된 의견은 그대로 학급에 적용될 수 있도록 하면서 학급의 일을 우리가 의논하고 결정하였다는 성취감을 느끼기도 합니다. 아이들 스스로 학급에 의미 있는 사람이며 작지만 큰 영향을 준다는 것을 서로 알려주는 것입니다.

두 번째, 실수에 관대한 분위기를 형성하기 위하여 간단한 두 문장을 활용합니다. '괜찮아, 네 잘못이 아니야' 이 문장은 사실 많이 들어봤고 듣고 싶지만 실제 내 스스로 말하기는 어려운 문장이기도 합니다. 아이들이 실수하는 상황 속에서 교사가 먼저 이렇게 학생들에게 이야기해 주면 어느 순간 아이들끼리도 '괜찮아, 이건 네 잘못이 아니야.'라고 이야기하는 것을 볼 수 있습니다. 말 한마디이지만 학급의 분위기를 바꾸는 데에는 꽤 효과적입니다. 비슷한 이야기로 '그럴 수도 있지' '실수는 배울 수 있는 좋은 기회야' '우리는 실수하고 배우면서 날마다 조금씩 자라나는 거야'라고 말할 수도 있습니다. 혹시 어떤 친구가 실수하면, 이건 실수가 아니라 배울 수 있는 기회라고 말해주는 것입니다.

또 어려워하는 친구가 있으면 교사가 도와줄 수 있지만 친구가 실수하고 어려워할 때 서로 도울 수 있다는 것을 강조하기 위해 '다른 친구가 도와줘도 되니?'라고 도움이 필요한 친구에게 미리 의사를 묻고 나서 친구들이 도울 수 있도록 합니다. 이번에는 배웠지만 '다음에는 네가 도와줄 수 있어'라고 이야기하고 그 친구가 활약할 기회를 엿본 후 도와줄 수 있도록 하는 것입니다.

마지막으로 서로 존중하고 경청할 수 있는 학급 분위기를 만들기 위하여 경청의 중요성에 대한 지도를 합니다. 아이들은 끊임없는 의사소통 과정 속에서 배우기 때문에 이 의사소통 훈련을 먼저 하는 것입니다. 내 의견을 잘 표현하는 것도 중요하지만 더불어 상대방의 의견을 경청해서 듣는 훈련도 꾸준히 합니다.

이렇게 학급의 분위기가 형성되어 협력 학습을 진행하려고 할 때, 교사의 역할 또한 중요합니다. 교사는 학생들에게 적절한 과제를 제시해야 합니다. 학습 목표를 달성하기에 적절한 과제를 학생들에게 제시하는데 이때 이 과제는 조금 도전적인 과제인 것이 좋습니다. 너무 어려울 필요는 없지만 아이들이 개인의 힘으로 충분히 풀 수 있는 과제라면 협력의 필요성을 느끼지도 않기 때문입니다. 약간 도전적인 과제를 제시하여 아이들에게 학습동기를 만들어 주어야 합니다. 또한, 협력 학습을 진행할 때에는 짝이나 모둠 간 학습 속도의 차이가 생기면 교사는 돌아다니면서 모둠 간 학습의 정도를 파악하고 조금 빠른 아이들에게는 좀 더 심화된 방법, 다른 방법으로 생각해 볼 것을 권할 수 있고, 조금 느린 아이들에게는 힌트를 주며 속도를 조절할 수 있습니다. 혹은 먼저 끝난 모둠끼리 의견을 교환하고 이야기를 나눌 수 있는 기회를 주는 것도 가능합니다. 즉, 협력 학습에서 교사의 역할은 아이들의 배움이 일어나도록 과제를 제시하고 학습의 속도를 관찰하고 조정하는 역할을 합니다.

실제 교실 속에서 협력학습을 진행한 사례를 통해 협력학습의 방법에 대해 이야기해보도록 하겠습니다.

교실 속 협력 학습으로 수업하기

코로나19로 인하여 대면 수업의 기회가 줄어들면서 학교 수업에서 협력 학습을 하는 형태도 변화가 생겼습니다. 이전에는 교실 속에서만 이루어지던 협력 학습을 온라인 수업 환경 속에서도 구현하기 위해 다양한 방법들을 사용하고 있습니다.

온라인 수업 중 협력 학습 진행하기

협력 학습 방법은 온라인 수업 중에만 활용이 가능한 것은 아니고 일반적으로 교실 속에서 사용하고 있는 방법들을 온라인 수업 환경 속에 맞게 변형하여 운영하는 것입니다. 그러므로 같은 방법으로 대면 수업에서 활용하는 것도 가능합니다. 그리고 저의 활용 예시를 참고하셔서 교실에 더 적합한 형태로 변형 응용하시면 좋겠습니다.

❶ 핫 시팅 (인터뷰 기법)

보통은 글을 읽고 나서 글의 내용을 이해할 때 사용하는 방법입니다. 글을 읽고 한 명이 등장인물이 되면, 다른 친구들이 질문하고 답을 하면서 인물의 마음을 더 깊이 생각해보도록 돕는 활동입니다. 우선, 글을 읽고 나서 글에 나오는 인물 4명을 정합니다. 주인공일수도 있고 그 옆에 등장하는 비중이 크지 않은 사람이어도 상관없습니다. 4명의 인물을 정하고 반 전체 활동으로 이야기를 통해 생각을 이끌어 냅니다.

> '인물은 이런 상황에서 어떤 마음이었을까?'
>
> '왜 이런 행동을 했을 것 같아?'
>
> '이 장면에서는 어떤 것을 추측할 수 있을까?'

위 질문처럼 미리 내가 인물이 되어 생각해보고 글을 살펴보며 다시 한 번 생각해 볼 시간을 갖습니다. 준비가 되지 않은 상태에서 바로 하면 생각이 나지 않을 수도 있고 깊이 있는 대화를 나누기 어려우므로 이 준비단계에서 교사는 다양한 질문을 던져 생각을 유도합니다.

이후, 소회의실에 4명씩 들어가서 4명의 등장인물의 역할을 맡습니다. 등장인물이 2명이라면 2명씩, 또는 6-7명이라면 그만큼의 수대로 소회의실에서 역할을 맡아 진행이 가능합니다. 역할을 맡은 한 명을 두고 3명이 미리 생각해보았던 질문을 하고 그것에 대한 답을 하도록 합니다. 그리고 활동을 한 이후에 소회의실을 나와 전체적으로 어떤 질문이 마음에 들었는지 어떤 답변이 좋았는지 물어보며 전체적으로 나누는 과정을 갖습니다.

❷ 브레인 라이팅 (아이디어 모으기)

주어진 과제에 대해 생각을 모을 때 자주 사용하는 방법입니다. 브레인 스토밍과 같은 자유연상기법인데 과제에 대해 모둠 아이들끼리 대화를 나누지 않고 자신의 생각을 적는 것입니다. 원래는 6-3-5 형태로 6명이 각 3가지의 생각을 5분 안에 적는 것인데 한 명이 5분 동안 3가지의 아이디어를 적고 옆 사람에게 전달하면 옆 사람은 앞에서 적힌 것 이외의 생각을 또 3가지 적는 형태로 진행됩니다. 그런데 저는 교실에서 활용할 때 다른 아이들의 기다리는 시간을 줄이고 활동 시간을 줄이기 위해 도화지와 같은 곳 맨 위에 제목을 쓰도록 하고 도화지를 여러 개의 칸으로 나눈 후 포스트잇을 활용하여 모두 자신의 생각을 쓰고 한 번에 붙일 수 있도록 변형하였습니다. 그 중 중복되는 의견도 생길 수 있지만 마지막에 의견을 쓰는 사람이 지금껏 나오지 않았던 새로운 생각을 해야 한다는 부담감을 줄일 수 있고 전체적인 활동 시간을 단축시키며 모두가 함께 생각을 모을 수 있다는 점이 좋았습니다.

〈주제　　　　　　〉		
A	B	C
1		
2		
3		
4		
5		
6		

〈브레인 라이팅〉 예시

브레인 라이팅의 좋은 점은 자신의 생각을 말로 표현하는데 소극적인 친구들도 의견을 적극적으로 제시할 수 있다는 것입니다. 보통 말로 의견을 모으다 보면, 적극적이고 활발한 친구 몇 명이 의견을 독점하는 경우가 생기지만, 이렇게 조용하게 생각을 모으다 보면 타인의 의견에 휩쓸리지 않고 오롯이 나의 생각에 집중할 수가 있어 전체 아이들의 의견을 반영하고 이야기할 수 있습니다.

온라인 수업 중에 브레인 라이팅을 활용한다면 위의 브레인 라이팅 종이 예시와 같은 형태의 파일을 공유하여 화이트보드나 패들렛에 생각을 적는 것과 같은 방법으로 활용이 가능합니다.

❸ 몇 가고 몇 남기 (누구나 발표하기)

이 방법은 과제를 발표할 때 주로 사용하는 방법입니다. 예를 들면 둘 가고 둘 남기라고 한다면 우리 모둠에서 함께 공부한 내용을 두 명은 우리 모둠에 남고 두 명은 다른 모둠으로 움직이는 것입니다. 다른 모둠으로 이동한 학생들은 그 모둠에서 활동한 내용을 새롭게 배우는 것이고 모둠에 남아있는 두 명은 다른 모둠에서 온 학생들에게 우리 모둠이 공부한 내용을 나누는 것입니다. 한 마디로 상호 가르치기 활동 방법입니다.

이런 활동을 할 때 교사는 모둠별로 학습 과제를 조금 다르게 제시하는 것이 좋습니다. 예를 들어 '인권 향상을 위해 애쓴 인물에 대한 조사 활동'을 한다면 각 모둠마다 조사하는 사람을 다르게 할 수 있고 수학에서 '다각형의 넓이 구하는 방법'에 대한 활동을 한다면 각 모둠마다 다른 다각형을 과제로 제시할 수 있습니다.

다른 모둠에서 활동 내용을 배워온 학생들은 원 모둠에 왔을 경우, 배워온 내용을 우리 모둠의 학생들에게 전달해야 합니다. 우리 모둠 친구들에게 전달을 해야 하니 본인이 이해되지 않는 부분은 적극적으로 친구에게 물어가며 학습하는 모습을 보입니다. 그리고 그것을 모둠 친구에게 말로 표현하는 과정을 거치는 것입니다. 교사는 그 순간 학생들의 이해도를 판단하고 도움이 필요한 경우 옆에서 부연 설명을 하는 식으로 도울 수 있습니다. 둘 가고 둘 남기 이외에 셋 남고 하나 가기와 같은 형태로 변형하여 활동하는 것이 가능하고 중간에 이동하는 학생과 남아있는 학생의 역할을 교체하기도 합니다.

이 방법은 조사활동에서 사용하는 경우가 많습니다. 그러다 보니 국어나 사회 과목에서 자주 활용합니다. 온라인 수업의 형태로 진행될 경우 다음과 같은 순서로 진행됩니다.

1 전체 학생을 대상으로 오늘 학습 목표와 교사가 제공해야 할 핵심 개념을 설명합니다.
2 모둠별로 조사하거나 학습할 과제가 정해진 이후 모둠별로 소회의실에 모여 학습 과제를 해결합니다.
3 일정 시간이 지나면 모둠에서 한 명씩 전체 회의실로 불러 모둠의 과제 진행도를 확인합니다. 시간이 좀 더 필요한 경우, 추가 시간을 주고 이미 끝낸 모둠에게는 설명할 내용에 대한 연습을 하도록 합니다.
4 보통 4명의 아이를 모둠으로 정하고 2명의 아이를 호스트인 교사가 다른 소회의실로 배정합니다. 교실에서는 학생들이 직접 일어나 이동하지만 쌍방향 수업 중에는 교사가 일일이 소회의실을 옮깁니다. 그런데 이것이 번거로운 경우 학생이 스스로 소회의실을 선택하여 이동하도록 하는 것도 가능합니다. 교사는 정해진 시간이 되면 전체 메시지로 '이동해주세요'라고 이야기합니다.

처음 활동을 진행할 때에는 쉬운 과제로 진행하고 설명하고 설명을 듣는데 시간을 넉넉하게 할애하는 것이 좋습니다. 아이들이 말로 표현하고 설명하는데 어려움을 겪기 때문에 이 활동 방법에 익숙해질 필요가 있습니다. 교실에서 실제로 여러 번 활동을 해보면 온라인 상황에서도 어렵지 않게 활동할 수 있습니다.

❹ 개인 - 짝 - 모둠 - 전체 (내 생각 확장하기)

이 방법은 과목이나 활동 주제에 제한없이 일반적으로 수업 중에 가장 보편적으로 많이 쓰는 방법입니다. 저는 이 활동 방법을 '생각 확장'이라고 부르며 개인-짝-모둠-전체의 형태로 진행됩니다. 시작은 '개인'부터입니다. 협력 학습의 가장 근본은 '나의 생각'입니다. 그리고 협력 학습의 목표도 '개인의 성장'입니다. 내가 먼저 생각해 본 이후에 친구들과의 대화를 해야 나와 같은 점은 무엇인지 다른 점은 무엇인지 생각해 보고 비교할 수가 있습니다. 예를 들어 국어 교과서의 읽기 지문을 읽고 '질문 만들기' 활동을 하는 경우 제일 먼저 내가 질문을 만드는 것입니다. 그리고 짝과 함께 만든 질문을 서로 주고받으며 질문과 답을 합니다. 이후 모둠끼리 질문을 만들어 주고받는 대화를 하고 마지막은 전체 반 학생들을 대상으로 돌아다니며 질문을 주고받는 것입니다.

교과서를 읽고 모르는 단어를 유추하는 활동을 할 때에도 마찬가지로 내가 먼저 모르는 것을 교과서에서 표시하고 뜻을 유추해서 적어본 다음 짝과 함께 모르는 단어의 뜻을 유추해보고 모둠과 함께 유추해봅니다. 나도 모르고 짝도 몰랐던 단어를 모둠 친구들과 이야기해보면서 짐작해볼 수 있고, 많은 친구들이 비슷하게 유추하는 내용을 통해 내가 처음 유추했던 내용을 다시 한 번 점검해볼 수도 있습니다. 여러 교과에서 쉽게 적용할 수 있는 방법입니다. 어떤 과제에 대해 가장 먼저 내 생각은 어떠한지 정해보고 이후 다른 친구들과의 이야기를 해 나가며 확장하여 내가 생각하지 못한 것, 내 생각과의 차이를 비교할 수 있습니다.

교실 속 프로젝트 학습 계획하기

협력 학습을 위해서는 교실 분위기 형성도 중요합니다. 이번에는 수업 시간에 활동할 수 있는 몇 가지 협력 학습 기법에 대한 이야기를 해보았습니다. 협력 학습은 토의 토론, 프로젝트, 하부르타 등 다양한 학습 전략의 형태로 이루어지고 있습니다. 그 중 이미 많은 선생님들이 하고 계시는 교실 속에서 진행하는 프로젝트 학습에 대한 이야기를 나누어보려고 합니다.

프로젝트 학습(Project- Based Learning)은 아이들의 삶과 배움을 연결할 수 있으면서 협력 학습을 하기에 좋은 방법입니다. 그러나 한편으로는 교사가 미리 준비하고 꼼꼼하게 계획 세워야 할 부분이 많아 교사의 부담이 크다고 이야기하기도 합니다. 저 또한 처음 프로젝트 학습을 하려고 했을 때, 이와 같은 마음이었습니다. 그런데 동학년 선생님의 제의로 5학년 2학기 사회 수업에서 역사 프로젝트를 진행한 적이 있습니다. 제 개인의 시작이 아니라 학년 선생님들과 함께 계획하고 운영하였기 때문에 처음 시작이 가능했던 것 같습니다.

처음 시작은 5학년 2학기 사회 수업에서 한 시대가 끝나는 단원의 마무리 활동으로 프로젝트 활동을 진행하였던 경우입니다. 예를 들면 고려 시대가 끝나고 고려 프로젝트, 조선 시대가 끝나고 조선 프로젝트와 같은 방법으로 단원의 복습 활동으로 진행되었습니다.

저의 경우, 대주제는 '고려 시대'와 '조선 시대'의 학습 내용 중 더 궁금한 내용과 더 알고 싶은 것으로 잡았습니다. 첫 번째 프로젝트인 '고려 프로젝트'에서는 대주제와 소주제를 학생들이 잡은 것이 아니라 각 반 선생님이 잡았습니다. 아이들에게 더 궁금하고 배우고 싶은 부분에 대해 의견을 묻고 수렴하기는 하였지만 교사가 주제를 겹치지 않게, 그리고 체험 중심으로 조정하였습니다.

반	활동 주제	활동 내용
5-1	상감기법 체험하기	상감 기법 이용한 접시 만들기
5-2	불교 문화 체험하기	다도 체험과 연꽃 만들기
5-3	고려의 인쇄술	금속 활자 체험 및 직지빵
5-4	역사 차차!	단원 정리 보드게임

위의 주제가 고려 프로젝트를 진행한 내용입니다. 학생들이 고려의 내용을 좀 더 재미있게 학습할 수 있도록 체험 중심의 활동으로 구성했습니다. 학년 선생님들끼리 고려 수업이 끝난 이후의 하루를 정해 사회, 미술, 국어 과목으로 교육과정을 재구성하였습니다. 한 반에서 상감 기법을 이용한 접시를 만들고 다음 시간에는 옆 반으로 이동하여 불교문화를 체험하는 것과 같은 방법입니다. 모든 반의 체험이 끝나고 다시 원래 반으로 돌아와 오늘 새롭게 알게 된 내용과 배운 내용을 글로 적고 모둠끼리 나누는 활동으로 마무리하였습니다. 각 반 선생님이 활동 계획을 세웠고 고려 단원에서 배운 내용을 체험하고 놀이하는 활동이 중심이었습니다.

고려 프로젝트 '상감 기법 체험' 활동

　　그런데 조선 수업을 마친 이후에 진행된 '조선 프로젝트'에서는 변화가 있었습니다. 우선 아이들이 조선 학습을 하면서 더 알고 싶은 부분데 대한 학습 소주제를 스스로 정하고 아이들끼리 자료를 준비하고 활동을 계획하였습니다. 그리고 반 별로 돌아가며 활동한 것이 아니라 각반 안에서 모둠별로 활동을 진행하였습니다. 그러므로 각 반별로 활동내용이 조금씩 다릅니다. 교사는 미리 교육과정을 재구성하였으며 그이전에 학생들이 준비하는 시간을 위해 미술, 국어, 창의적 체험 활동시간을 할애하여 토의를 통해 주제를 선정하고 자료를 계획하고 만들고준비하는 시간을 주었습니다. 아래의 표는 조선 프로젝트에서 각 모둠이 활동한 주제입니다.

모둠	활동 주제	활동 내용
1	임진왜란	임진왜란 상황 역할극, 거북선 팝업북 만들기
2	병자호란	인조의 의복 변화 색칠하기, 삼전도의 굴욕 체험
3	유교와 조선의 궁궐	익선관 만들기, 문자도 그리기
4	과학기술	세종대왕, 앙부일구 퍼즐 맞추기
5	훈민정음	훈민정음 언해본 서문 맞추기

아이들은 주제를 정할 때 단원에서 배웠던 학습 주제 중 더 깊이 공부하고 싶은 주제를 잡아 모둠 친구들끼리 자료를 조사하고 공부하여 발표 자료를 만들고 체험 활동할 내용을 만들어 보라고 하였습니다. 본인들의 소주제를 잘 나타낼 수 있을만한 체험 주제를 골라서 준비하였고 어려워하는 부분은 모둠별로 돌아다니며 제가 몇 가지 예시 활동을 제시하면 그 중 선택하기도 하였습니다.

프로젝트 당일 활동은 '둘 가고 둘 남기' 활동으로 진행되었습니다. 아래 사진에서 색깔 있는 조끼를 입은 아이들은 모둠에서 먼저 설명의 역할을 맡은 아이들이었습니다. 한 모둠이 4명으로 구성되어 있는데 설명 자료와 체험 자료는 모두 함께 만들고, 이후 모둠에 2명은 다른 모둠으로 체험을 가도록 했습니다. 그리고 남는 2명은 다른 모둠 친구들이 오면 체험을 진행하도록 돕고 설명을 하는 역할을 하는 것입니다. 중간에 그 역할을 바꾸어서 고루 체험할 수 있도록 하였습니다.

발표 자료 설명

뉴스 형태로 전달하는 발표자료

훈민정음 언해본 서문 맞추기

과학 기술의 우수성 발표

저의 프로젝트 수업 예시는 잘된 프로젝트라서 말씀 드리는 것은 아닙니다. 오히려 그 반대의 경우일지도 모르겠습니다. 저 또한 처음 시도하면서 이렇게 하는 것이 맞나 고민도 많았습니다. 프로젝트 수업과 관련된 자료를 찾고 이론서를 여러 번 읽어도 막상 실제로 내 수업에서 교사가 시도하기까지에는 많은 어려움이 있습니다. 저는 이 시기 동료 선생님들과 함께 어떻게 되든 부딪혀 보자는 마음이 컸습니다. 어쩌면 부족하고 맞지 않은 방법일지 모르나 교사가 한 발짝 움직이니 두 번째 프로젝트를 진행할 때에는 교사인 저도, 학생들도 더 성장함을 느꼈습니다. 그래서 주저하고 망설이시는 선생님께서 어려운 한 발짝을 먼저 떼셨으면 하는 마음에서 제 사례를 나눕니다.

저는 이 수업을 진행하고 나서 학생들이 주체가 되어 적극적으로 협력하고 이야기 나누고 학습하는 모습을 보았습니다. 완벽한 결과를 내는 수업이라는 것은 없습니다. 더 알고 싶은 학습 주제를 해결하기 위해서 함께 협력하고 의사소통하며 가르치고 배우는 그 과정 속에서 교사와 학생 모두에게 배움이 일어나는 것이 아닐까요.

에필로그

모두가 함께 성장하는 교실을 위해

　많은 선생님들이 코로나19로 잠시 학교가 멈춘 사이, 교실 속 학습 격차가 더 크게 벌어졌다고 이야기합니다. 2년이라는 시간이 어떤 아이에게는 성장의 기회가 되기도 하였지만 또 어떤 아이에게는 많은 것을 배우지 못한 아쉬운 시기가 되기도 하였습니다.

　그런데 다시 일상으로 돌아온 교사들은 한 교실 안에서 이 모든 아이들과 함께 수업을 할 수밖에 없습니다. 수업을 시작하기도 전에 이미 다 아는 아이들부터 차근차근 하나씩 설명해도 버겁기만 한 아이들까지. 학생들은 배우는 속도도, 출발점도 무척이나 다릅니다.

　한 교실에 각기 다른 25여 명의 아이들이 같은 내용으로 수업을 하지만 모두에게 의미 있는 수업이 되기 위해 교사들은 끊임없이 고민합니다. 배움의 동기를 잃어버리고 기초적인 연산 능력과 문해력이 부족한 아이들에게 어떻게 의미 있는 수업을 하고 도움을 줄 수 있을까요. 각자 배움의 속도와 출발점이 다른 학생들이지만 우리는 모두 교실 속에서 함께 배우고 함께 성장해야 합니다.

코로나19로 인한 교실 속 학습의 격차는 어찌 보면 그동안 배움에 있어서 '교사'가 단지 지식의 전달자 그 이상의 역할을 해왔다는 것을 증명하는 것이기도 합니다. 교과의 내용을 전달하는 매체는 다양하지만 그것만으로 아이들의 학습 격차를 메우기엔 역부족이었습니다. 학교에서 교사와 학생의 관계는 단지 교육 내용의 전달 이상의 무언가를 포함하고 있기 때문입니다. 교사와 학생의 친밀한 관계, 그리고 의미 있는 의사소통을 통한 피드백, 꼼꼼한 학생에 대한 관찰로 학생의 현재 수준과 부족한 부분을 판단하는 것 등이 그것일 것입니다.

저는 이 책을 통해 누구도 배움을 포기하지 않도록 항상 애쓰고 고민하시는 선생님들과 함께 교실 속 격차를 줄이는 다양한 방법에 대해 이야기 나누고 싶었습니다. 저희의 이야기가 꼭 정답은 아닐지라도 선생님들과 함께하는 이야기의 물꼬를 트는 역할이 되었기를 진심으로 소망합니다.

1. 도서

· Jeanne Ellis Ormrod. 인간의 학습. 시그마 프레스. 2017

· 강경수. 거짓말 같은 이야기. 시공주니어. 2011

· 강경수. 나의 엄마. 그림책 공작소. 2016

· 김선, 반재천. 학생의 배움과 성장을 지원하는 과정 중심 피드백. 도서출판AMEC. 2020

· 김재영. 숨바꼭질 ㄱㄴㄷ. 현북스. 2013

· 김지영. 내 마음 ㅅㅅㅎ. 사계절. 2021

· 낸시 프레이, 더글러스 피셔 공저. 피드백, 이렇게 한다 피드백, 이렇게 한다. 교육을 바꾸는 사람들. 2021

· 로렌 차일드. 난 토마토 절대 안 먹어. 국민서관. 2001

· 마키타 신지. 틀려도 괜찮아. 토토북. 2006

· 박현주. 이까짓 거. 이야기꽃. 2019

· 백희나. 알사탕. 책읽는곰. 2017

· 사이다. 고구마구마. 반달. 2017

· 서현. 눈물 바다. 사계절. 2009

· 솔트앤페퍼. 표정으로 배우는 ㄱㄴㄷ. 애플비. 2009

· 안녕달. 수박 수영장. 창비. 2015

· 엄훈. 학교 속의 문맹자들. 우리교육. 2012

· 유강희. 손바닥 동시. 창비. 2018

· 유설화. 슈퍼 거북. 책 읽는 곰. 2018

· 유설화. 슈퍼 토끼. 책 읽는 곰. 2020

· 이보나 흐미엘레프스카. 생각하는 ㄱㄴㄷ. 논장. 2005

· 이지은. 팥빙수의 전설. 웅진주니어. 2019

· 정재석, 이춘화, 장현진, 곽신실. 읽기 자신감. 좋은교사. 2016

· 조경희. 엄마 자판기. 노란돼지. 2019

· 짐트렐리즈. 하루 15분 책읽어주기의 힘. 북라인. 2012

· 최승호. 말놀이 동시집1. 비룡소. 2020

· 최승호. 최승호·방시혁의 말놀이 동요집. 비룡소. 2011

· 펩 몬세라트. 루빈스타인은 참 예뻐요. 북극곰. 2014

· 하세가와 요시후미. 내가 라면을 먹을 때. 고래이야기. 2019

2. 문헌

· 경기도교육청. 블렌디드러닝의 이해. 2020

· 교육개발원. 비대면 학습 상황에서의 교육격차 해소 과제 (2020년 제6회 교육정책네트워크 교육정책 토론회 자료집). 2020

· 교육부. 2015 개정 교육과정. 2015

· 교육부. 교육부, 한글 책임교육 초등학교에 자리잡다. 2019

· 교육부. 교육회복 종합방안 기본계획. 2021

· 교육부. 창의인성 교육 백문 백답. 2014

· 교육부. 초등학교 3-6학년 과학 교과서

· 교육부. 초등학교 3-6학년 국어 교과서

· 교육부. 초등학교 3-6학년 국어 교사용 지도서

· 교육부. 초등학교 3-6학년 사회 교과서

· 교육부. 초등학교 3-6학년 수학 교과서

· 박미희. 코로나19 시대의 교육격차 실태와 교육의 과제. vol30. 교육사회학연구. 2020

· 서교연. 기초학력 진단 및 지원 방안 연구, 해외사례 분석을 중심으로. 2020

· 서울특별시 교육청. 2021학년도 서울기초학력지원시스템 활용 안내. 2021

· 서울특별시 교육청. 2021학년도 초등 기초학력보장 지원계획. 2021

· 서울특별시교육청. 2020년도 초등기초학력 틈새지원 '오룻이' 활용 안내. 2020

· 서울특별시교육청. 기초학력 협력강사 운영 길라잡이. 2021

· 서울특별시교육청. 난독 학생 지원 가이드북.
2020
· 서울특별시교육청. 서울교육주요업무. 56
쪽. 2021
· 서울특별시교육청. 코로나19 상황에서의 기
초학력 보장을 위한 초등 기초학력 두리샘 지
원계획. 2020
· 엄훈. 초기 문해력 교육의 현황과 과제. 한국
초등국어교육. 2017
· 엄훈. 한글 교육인가, 초기 문해력 교육인가.
오늘의 교육. 2017
· 이희천 저. 수학 기초 부진 학생 지도방안과
실제(2019 초등교원 수학 마스터 클래스 연
수 강의 자료). 한국과학창의재단. 2019
· 전미수학교사협의회. National Council of
Teachers of Mathematics: NCTM. 2000
· 정평강, 김중훈, 송푸름. 수감각 놀이 기반 교
수가 초등학교 1학년의 연산 유창성에 미치
는 영향. 교육문화연구 제26권 제1호. 2020
· 천재 교과서. 초등학교 5학년 실과 교과서
· 한국과학창의재단. 수학 수업용 교구 표준안
개발 연구. 2017
· 한국과학창의재단. 창의인성 교육 백문백답.
2014
· 한국교육과정평가원. 기초학력 보장을 위한
문해력, 수리력 진단도구 개발(1). 2020
· 한국교육과정평가원. 학습부진학생은 어떻
게 성장하는가. 2021

3. 사이트

· EBS MATH
https://www.ebsmath.co.kr
· EBS 초등
https://primary.ebs.co.kr/
· 그림책 박물관
http://www.picturebook-museum.com
· 기초학력 향상지원사이트 - 꾸꾸
http://www.basics.re.kr
· 내 친구 서울
https://kids.seoul.go.kr
· 대한민국 어린이 국회
https://child.assembly.go.kr
· 독서교육종합지원시스템
https://reading.gglec.go.kr
· 똑똑 수학탐험대 http://toctocmath.kr
· 매쓰러닝센터
https://www.mathlearningcenter.org
· 멘티미터 https://www.mentimeter.com
· 베이스캠프 http://www.plasedu.org
· 법사랑 사이버랜드
https://www.lawnorder.go.kr
· 북드림 전자도서관
http://bookdreamlotte.dkyobobook.co.kr
· 워드클라우드 http://wordcloud.kr
· 이야기꽃 출판사 http://iyagikot.com
· 일일수학 https://www.11math.com/
· 찬찬한글 https://ebook-lib.gne.go.kr
· 한국어 기초 사전
https://krdict.korean.go.kr
· 한글 또박또박 www.ihangeul.kr
· 한글한마당
https://www.hangeululsan.com

저학년부터 고학년까지, 차이를 넘어 함께 성장하기

학습 격차를 줄이는 수업 레시피

1쇄 발행 2022년 2월 25일

지은이 박명선, 정유진
기획·편집 장인영
마케팅 윤유림
디자인 ALL designgroup

펴낸곳 ㈜아이스크림미디어
주소 경기도 성남시 분당구 판교역로 225-20 시공빌딩
전화 1544-3070
팩스 02-6280-5222
홈페이지 http://teacher.i-scream.co.kr

ISBN 979-11-5929-134-0 (03370)
가격 16,000원